Indice

le guide di Natura&Salute

Cucina naturale con la Zona

Angela Colli

tecniche nuove

Redazione: tel. 0239090264, fax 0239090255
e-mail: libri@tecnichenuove.com
Vendite: tel. 0239090440, fax 0239090373
e-mail: vendite-libri@tecnichenuove.com
http: //www.tecnichenuove.com

ISBN: 978-88-481-2738-7

Coordinatrice della collana: Daniela Garavini
Progetto grafico e copertina: JDT, Milano
Fotografia di copertina: Laila Pozzo

Stampa: New Press, Como
Finito di stampare nel mese di dicembre 2011
Printed in Italy

Supplemento al numero 1, gennaio 2012 della rivista ***Farmacia News*** – ISSN 1590-3699

Direttore responsabile: Giuseppe Nardella
Registrazione Tribunale di Milano n. 313 del 23/4/91
Iscrizione nel Registro degli Operatori di Comunicazione n. 6419 (delibera 236/01/Cons del 30/6/01)
Pubblicazione vendibile nelle farmacie ai sensi dell'art. 7 della legge n. 67 del 25/2/1987

Prima parte
Mangiare... non mangiare

Chi non ha mai provato il desiderio di mettersi a dieta?... Mangiare poco, male, fare sacrifici per riacquistare la taglia che avevamo un po' di tempo fa, per figurare bene in costume da bagno, per piacere agli altri e a noi stessi. I dati epidemiologici ci mettono di fronte a una situazione preoccupante. La nostra alimentazione è spesso "sbilanciata": negli Stati Uniti circa il 50% della popolazione è sovrappeso, ma anche i dati che si riferiscono al nostro Paese sono preoccupanti. Secondo il settimo rapporto sull'obesità redatto dall'Istituto Auxologico nel 2011, circa il 10% della popolazione adulta italiana è obesa e il 35% è in sovrappeso, quindi ci sono oltre venti milioni gli italiani che hanno problemi di peso: il 28% degli obesi afferma di aver seguito una dieta. Come sono queste diete? Spesso autoprescritte o suggerite da amici che "le hanno provate", possono causare la sindrome "yo-yo" cioè dimagramenti provvisori seguiti da rapido recupero del peso.
Questo libro cercherà di combattere un pregiudizio molto diffuso che associa il termine dieta a regime dimagrante ottenuto con privazioni e sacrifici e di recuperare l'etimologia originale greca: *diaita* uguale a stile di vita. Non esiste uno stile e quindi una dieta uguale per tutti, infatti, ciascuno di noi è unico: le più recenti scoperte delle scienze biologiche, in particolare quelle legate alla genetica, ci danno una visione della vita sempre meno deterministica. Ogni vivente è un sistema complesso, diverso da tutti gli altri, anche se le regole di base sono semplici e comuni. Tutti, dai batteri all'uomo, per vivere devono nutrirsi per procurarsi energia e mattoni, cioè sostanze per costruire-ricostruire se stessi. Per noi uomini l'alimentazione va oltre il "procurarsi il cibo quotidiano" e si riempie di significati culturali e simbolici: ognuno deve trovare un proprio stile partendo dai ritmi del corpo, imparando a conoscerlo e a rispettarlo. La società in cui viviamo ci spinge a una vita squilibrata, una corsa continua contro il tempo: molti distur-

bi e patologie sono legati al venir meno dell'equilibrio mente-corpo. Non basta migliorare le nostre abitudini alimentari, se vogliamo incrementare il nostro "star bene" dobbiamo riappropriarci di momenti da dedicare all'attività fisica e alla meditazione, come suggerisce la dieta a **Zona naturale**.
Qualsiasi indicazione riguardante la nutrizione deve tener conto della biologia e delle nostre origini: conserviamo, infatti, le caratteristiche metaboliche dei nostri più remoti antenati. Secondo gli antropologi discendiamo dagli **Australopitechi**, vissuti in Africa orientale circa 4-5 milioni di anni fa: dai resti fossili possiamo dedurre che si alimentavano con la **raccolta di prodotti** che crescevano spontaneamente e con resti di animali già morti, la stessa dieta dei primi ominidi l'Homo habilis e l'Homo erectus. Tra il 50.000 e il 10.000 prima di Cristo, visse in Europa l'**Homo sapiens**, che dovette affrontare i cambiamenti di clima e di vegetazione avvenuti alla fine dell'ultima glaciazione. La diminuzione della selvaggina dovuta alla caccia eccessiva determinò un cambiamento delle abitudini alimentari e, alla fine dell'età della pietra, fu "inventata" l'agricoltura. Il primo cereale coltivato fu il farro, seguito dal frumento con cui fu prodotto un alimento fondamentale per l'uomo: il pane. L'**Homo sapiens sapiens**, la specie cui apparteniamo, è onnivoro e ha saputo adattarsi alle variazioni delle condizioni ambientali, popolando tutta la terra.
Un cambiamento molto rapido nella disponibilità di alimenti si è avuto a partire dagli anni Cinquanta del ventesimo secolo con la comparsa, dapprima negli Stati Uniti e in seguito negli altri paesi occidentali, di **carboidrati raffinati** e di **oli vegetali a basso costo**. L'impiego crescente di materie prime alimentari di produzione industriale, insieme all'utilizzo massiccio di additivi, conservanti e coloranti ha contribuito alla diffusione dell'obesità e alla comparsa di una sindrome che può colpire anche le persone "normopeso": quella del grasso tossico (pag. 37). L'obesità è stata considerata a lungo un sottoprodotto dello stile di vita dei pae-si industrializzati, ma adesso si sta diffondendo anche nei paesi sottosviluppati dove, accanto a patologie legate alla fame e alla malnutrizione, assistiamo a un preoccupante aumento di obesità e malattie correlate: diabete, ipertensione, cancro e patologie dell'apparato cardio-vascolare. Anche nei paesi ricchi il sovrappeso è più diffuso nelle fasce "povere" della popolazione. Preoccupa l'obesità infantile, che ha raggiunto livelli preoccupanti: nel 2010 circa 43 milioni di bambini sotto i cinque anni di età sono stimati in sovrappeso e di questi circa 35 milioni vivono in paesi in via di sviluppo. Un eccesso di grasso, soprattutto se concentrato nella regione addominale (pag. 19), può causare un elevato livello d'insulina nel sangue e un'aumentata resistenza a questo ormone. Mentre nei casi più gravi dopo breve tempo si avrà la comparsa del diabete, in quelli più lievi s'instaura una condizione conosciuta come **sindrome metabolica**, caratterizzata da ipertensione, alti livelli di colesterolo e di insulina nel sangue, a fronte di valori pressoché normali di glicemia. Riduzioni modeste, ad esempio del 5-10% del peso, possono prevenire questa patologia in aumento negli anziani.

L'ereditarietà gioco un ruolo importante nella regolazione del peso corporeo. Fino alla rivoluzione industriale gran parte della popolazione è vissuta in un sistema agricolo di sussistenza soggetto a periodiche carestie: chi possedeva il cosiddetto "gene della frugalità" resisteva di più alla penuria di cibo grazie a un basso consumo di energia e a un efficace stoccaggio degli eventuali eccessi calorici sotto forma di grasso. Una maggior disponibilità di cibo, accompagnata da riduzione dell'attività fisica, ha avuto un impatto rilevante sui portatori dell'assetto genetico "frugale", come per esempio gli indiani Pima dell'Arizona. I loro antenati conducevano una vita movimentata con molta attività fisica e dovevano sopportare lunghi periodi di carestia. I discendenti oggi vivono nelle riserve, si muovono poco e fanno la spesa al supermercato: i loro geni sono responsabili di gravi malattie, come diabete e obesità. In un tempo di poche centinaia di anni i geni non sono cambiati, quindi i loro possessori non si sono adattati a uno stile di vita sedentario e a un'alimentazione eccessiva.
Lo stesso è successo agli Ebrei provenienti dallo Yemen stabilitisi in Israele. L'ereditabilità del BMI, il principale indice per valutare il peso corporeo, è stimata ora fra il 30% e il 40%, quella della quantità di grasso addominale, il più nocivo, fra il 50% e il 60%. Siamo tutti simili, ma non uguali: secondo i dati del Progetto Genoma che ha letto il nostro DNA, la molecola in cui risiedono i caratteri ereditari, abbiamo il 99,9% di patrimonio genetico in comune. Le differenze sono legate soprattutto al fatto che non tutti i geni sono attivi contemporaneamente. Nel corpo ci sono appositi segnali, proteine e ormoni, i messaggeri chimici presenti soprattutto nel sangue, che accendono o spengono i nostri geni: un'alimentazione che tenga sotto controllo questi segnali può portarci all'equilibrio, cioè alla salute. La produzione e il meccanismo d'azione di alcuni ormoni, ad esempio l'insulina, sono diversi per ognuno, in base ai geni: per questo la dieta deve essere "personalizzata".
La dieta a Zona, ideata dal ricercatore statunitense Barry Sears, e supportata da importanti e autorevoli studi scientifici, ha individuato una strategia alimentare per controllare la produzione dell'insulina e degli eicosanoidi, veri e propri super ormoni che agiscono vicino alle cellule che li hanno prodotti. La Zona si raggiunge attraverso equilibrio e moderazione e contribuisce a bruciare i grassi a scopo energetico, evitando l'infiammazione causata dalla presenza di acido arachidonico nel sangue (pag. 36). Un'alimentazione equilibrata ci permetterà di mantenere elevato il tono muscolare ed essere sempre attivi attraverso un apporto bilanciato di carboidrati, proteine e grassi da distribuire nei tre pasti principali: colazione, pranzo e cena, e in almeno due spuntini. Le calorie non hanno un'importanza primaria, ciò che più interessa è il controllo ormonale indotto dall'alimentazione. La Zona naturale, inoltre, dà molta importanza all'attività fisica aerobica, utile per ottenere una riduzione della pressione arteriosa, una maggiore tolleranza glucidica, la riduzione dei trigliceridi, un aumento della frazione HDL di colesterolo e una miglior efficienza dell'apparato cardiocircolatorio.

Le proposte contenute in questo libro sono dirette soprattutto ad adulti con problemi di peso a rischio per malattie metaboliche e/o “infiammatorie” (pag. 19). Prima di iniziare un periodo di restrizione calorica è opportuno **rivolgersi al proprio medico**, soprattutto in caso di patologie a carico di fegato e reni.

Modelli di "diete" a confronto

Pereira, redattore della terza pagina di un piccolo giornale di Lisbona, mangia soprattutto frittate: quelle che gli cucina la portiera e quelle che ordina al Cafè Orquìdea dove passa molto del suo tempo. Questo lui vorrebbe dire al dottor Cardoso, il medico della clinica talassoterapica di Parede che lo interroga sulla sua alimentazione, ma provò vergogna e rispose diversamente. "Alimentazione variata – disse – pesce, carne, verdura, sono abbastanza parco nel cibo e mi nutro in maniera razionale". "E la sua pinguedine quando ha cominciato a manifestarsi?", chiese il dottor Cardoso.

Da *Sostiene Pereira* di A. Tabucchi

Nel rispetto delle caratteristiche individuali, nel progettare una dieta è utile riferirsi a **modelli** di alimentazione che tengano conto delle più recenti scoperte della ricerca scientifica. Nei diversi paesi le autorità preposte alla tutela della salute e all'approvvigionamento delle derrate alimentari propongono periodicamente consigli utili alla popolazione per una sana alimentazione. In Italia L'Istituto Nazionale di Ricerca per gli Alimenti e la Nutrizione (INRAN) elabora i LARN, cioè i livelli di assunzione raccomandati di energia e nutrienti per la popolazione italiana e le Linee Guida la cui più recente revisione risale al 2003.
Uno dei modelli dietetici più recenti è la nuova **piramide** alimentare della **dieta Mediterranea** presentata a Parma nel 2009 e rivolta a tutta la popolazione dai 18 ai 65 anni di età. **Attività fisica**, **convivialità**, **stagionalità** e cibi a chilometri zero acquistati possibilmente da chi li produce: sono i principi su cui si basa. L'**acqua** è alla base della piramide e non deve mai mancare durante la giornata.

La **varietà** è la regola fondamentale: ogni giorno dovremmo portare in tavola due porzioni di frutta, due o più di verdure e una o due di pane, pasta, riso, couscous o altri cereali, preferibilmente integrali. Tra i cibi da assumere con regolarità ci sono anche latte e derivati, olio d'oliva, noci, semi, olive e, come condimenti, erbe, spezie, aglio e cipolle per ridurre il sale. Una volta a settimana dovremmo, invece, mangiare due porzioni di pollo e carni bianche, più di due di pesce, crostacei e molluschi, da due a massimo quattro uova, più di due porzioni di legumi. I cibi in cima alla piramide sono da consumare con moderazione: carne rossa (due porzioni o anche meno), salumi (una porzione) e dolci (al massimo due porzioni).

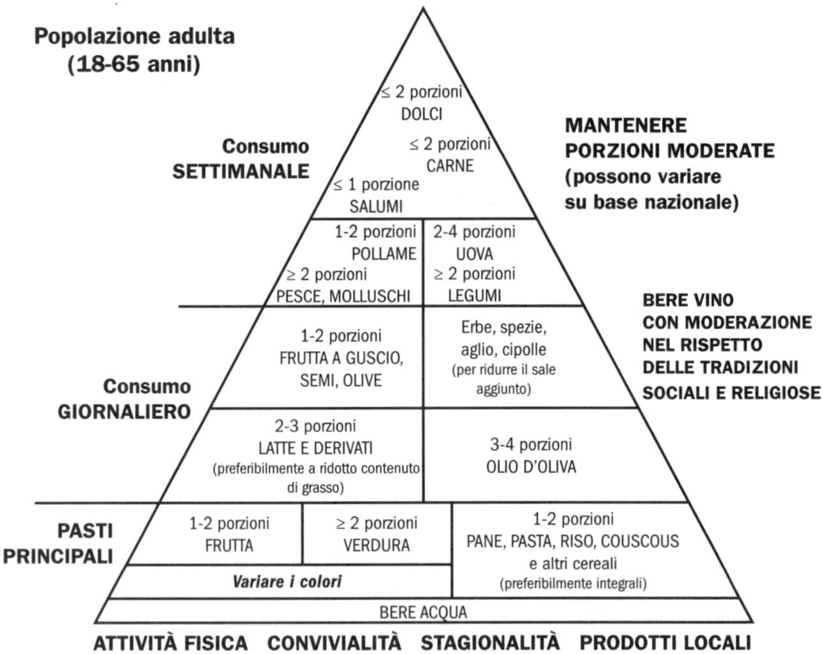

Fig. 1 *Piramide della dieta Mediterranea.*

UNA PIRAMIDE PER LA ZONA

La dieta a Zona mira alla prevenzione delle malattie più diffuse nelle società occidentali: diabete, ipertensione, disturbi cardio-vascolari, tumori, e ha alcuni punti in comune con la dieta Mediterranea. La Zona è stata "inventata" dal biochimico americano Berry Sears nel 1995 e si basa **sulla riduzione della produzione di insulina**, che contribuisce a trasformare in grasso i carboidrati in eccesso e sul mantenimento di **livelli ottimali di eicosanoidi**, ormoni che l'organismo fabbrica utilizzando gli acidi grassi insaturi. La quantità di energia di cui abbiamo bisogno ogni giorno è molto variabile in base all'età, al sesso, al peso corporeo, all'attività fisica. La maggior parte degli abitanti dei paesi occidentali fa una vita sedentaria, di conseguenza, il dispendio energetico è inferiore all'introito con aumento preoccupante di sovrappeso e obesità.

Per questo la Zona raccomanda quotidianamente un'adeguata attività fisica a qualsiasi età. L'**acqua** è un nutriente essenziale; ogni giorno bisogna introdurre la giusta quantità di liquidi: almeno due litri. Secondo la Zona, **prima di ogni pasto** o **spuntino** è una buona abitudine **berne uno** o **due bicchieri**. I **carboidrati**, le sostanze da cui ricaviamo la maggior parte di energia, dovrebbero provenire soprattutto da prodotti a **basso indice glicemico**, che non provocano aumento della quantità di insulina nel sangue: frutta e verdura "colorate" e cereali integrali. I **grassi** non vanno demonizzati, dalla loro combustione dovremmo ricavare circa il 30% dell'energia giornaliera: vanno preferiti quelli monoinsaturi come l'olio extravergine d'oliva. Alcuni sono essenziali perché non siamo in grado di fabbricarli e dobbiamo necessariamente ricavarli dagli alimenti; nel nostro corpo si comportano come ormoni, cioè trasportatori di messaggi tra una cellula e l'altra. In particolare gli acidi grassi omega-3, contenuti nei pesci e nei cibi di origine marina in generale, sono precursori degli **eicosanoidi** che controllano numerosi aspetti della nostra fisiologia, ad esempio la produzione di testosterone, insulina e ormone della crescita. Tra i cibi vegetali ricchi di grassi utili all'organismo ci sono anche la frutta secca e quella oleosa: noci, mandorle, nocciole, olive e avocado. Le **proteine** non devono mai mancare sulla nostra tavola e, secondo la Zona, a ogni pasto dovrebbero essere presenti soprattutto quelle contenenti aminoacidi "essenziali" che non possiamo fabbricarci da soli: vanno privilegiate le carni bianche, il pesce e i latticini magri. Le proteine vegetali non sono complete e andrebbero combinate tra loro; una buona scelta è rappresentata dai legumi abbinati a cereali integrali.

Tra i prodotti di origine animale la Zona predilige: pesce e prodotti pesca (crostacei, molluschi), pollo, tacchino, faraona, agnello magro, coniglio, bresaola, latticini magri, parmigiano, ricotta, formaggi light, tofu e altri derivati dalla soia. Se possibile, bisognerebbe evitare frattaglie e tuorlo d'uovo, ricchi di acido **arachidonico** (pag. 36).

Ogni pasto nella Zona contiene tutti e tre i principi nutritivi: proteine, carboidrati, grassi. Si dovrebbero preferire piatti unici con cotture dolci, non troppo prolungate: le verdure crude o cotte al vapore, la frutta cruda. Il condimento migliore è l'olio extravergine d'oliva. Vanno evitati sia i digiuni sia le abbuffate. Secondo Sears, l'**intervallo tra un pasto e l'altro non dovrebbe superare le cinque ore**. Per chi lavora, è opportuno intervallare i pasti principali con almeno uno spuntino, a cui se ne può aggiungere uno la sera.

Il primo pasto della giornata è il più importante: una prima colazione nutriente entro un'ora dal risveglio contribuisce all'equilibrio dell'intera giornata. Gli altri

pasti non dovrebbero essere troppo ravvicinati per concedere al sistema digestivo un completo recupero e per rendere più efficiente il metabolismo. Uno spuntino prima di andare a letto aiuterà a mantenere il corpo "nella Zona" anche durante il sonno.
Per aiutare il processo digestivo, si possono bere circa 250 g di acqua 30 minuti prima di ogni pasto. Numerosi sono i benefici dell'acqua: mantiene la pelle sana, regola la temperatura corporea e protegge tutti gli organi. La Zona, come tutte le diete dimagranti, causa nei primi tempi una perdita di acqua corporea, associata alla diminuzione di glicogeno, la riserva energetica derivata dal glucosio che è presente nei muscoli e nel fegato: la prima a essere demolita in regime di scarsità.
Un esempio di giornata alimentare nella Zona potrebbe essere:

7,30 colazione (entro un'ora dal risveglio);	*Oppure:*
10,30 spuntino	8,30 colazione
13,30 pranzo	12,30 pranzo
16,30 merenda	16,30 merenda
19,30 cena	20,30 cena
22,30 spuntino serale	23,30 spuntino serale

Per finire, alla base della piramide della Zona, oltre all'**attività fisica** troviamo la **meditazione**.

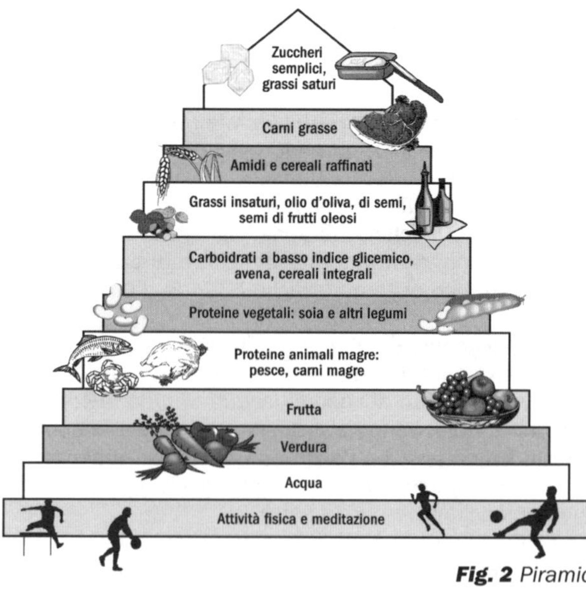

Fig. 2 *Piramide della Zona.*

Numerose sono le analogie tra le diverse proposte per un'alimentazione salutare, ma esistono anche alcune particolarità della dieta a Zona che fanno sì che il modello proposto da Sears abbia sia sostenitori sia oppositori accaniti; i vari esperti in Scienza dell'Alimentazione sostengono posizioni diverse, spesso in aperto contrasto tra loro, espresse in articoli scientifici e divulgativi, in libri e sul web. La prima critica mossa a questa dieta è di essere iperproteica: infatti, per "essere in Zona", è necessario, secondo Sears, un rapporto tra i principi nutritivi (proteine, carboidrati, grassi) che mantenga in equilibrio gli ormoni che regolano il loro utilizzo da parte delle cellule, a partire dal principale: l'insulina. Per questo, le calorie, cioè la quantità di energia da introdurre giornalmente, sono distribuite secondo la seguente proporzione: 30% dalle proteine, 40% dai carboidrati, 30% dai grassi, mentre i LARN (livelli di energia e nutrienti raccomandati per la popolazione italiana) consigliano 15-20% di proteine, 55-60% di carboidrati, 25-30% di grassi. Il fabbisogno proteico di un adulto è, secondo i LARN, compreso tra 0,83 e 1 g di proteine per kg di peso corporeo, nella dieta a Zona la quantità di proteine consigliata è leggermente più elevata, ma è calcolata a partire dalla quantità di **massa magra** (pag. 17).
Le più recenti versioni della Zona propongono l'uso di integratori contenenti acidi grassi omega-3, di polveri proteiche e di altri prodotti contenenti vitamine e minerali: non ci sembra una buona scelta. Le stesse sostanze possono, infatti, essere ottenute migliorando le proprie abitudini alimentari. Studi e ricerche continuano a confermare che le sostanze protettive presenti negli alimenti naturali non sono sostituibili con molecole estratte, purificate, concentrate in pillole. Vitamine e sali minerali sono chiamati micronutrienti proprio perché vanno presi a piccolissime dosi; non è infatti detto che se alcuni milligrammi di una sostanza ci fanno bene, assumerne quantità molto maggiori ci facciano stare meglio.
In conclusione, la **Zona naturale**, cioè senza integratori, proposta in questo libro è consigliata a chi vuole perdere qualche chilo di peso, migliorando la propria alimentazione.
La Zona, infatti, funziona come dieta dimagrante e disintossicante perché:

- ☐ limita l'apporto di calorie;
- ☐ è composta di alimenti che danno sazietà;
- ☐ è abbastanza equilibrata nei macronutrienti;
- ☐ incoraggia il consumo di verdura, frutta, carne e pesce;
- ☐ tra i cereali privilegia quelli a basso indice glicemico.

A chi è adatta? Ad adulti sedentari con qualche chilo di troppo, soprattutto se gli esami del sangue hanno evidenziato qualche segnale di "grasso tossico" o di sindrome metabolica, ma può essere adottata anche da chi è già attivo. Uno dei primi risultati sarà l'aumento delle calorie spese nel movimento, con attività fisica aerobica quotidiana per almeno 30 minuti. Essendo indubbiamente ricca di proteine e ipocalorica, la Zona va adottata per un periodo di tempo limitato; se il sovrappeso è lieve, al massimo per un mese. È sconsigliata a chi soffre di insufficienza renale. Abbinata a una corretta attività fisica e a una riscoperta dei

ritmi del proprio corpo, con l'aiuto della meditazione, può portare a buoni risultati. Una volta persi i chili di troppo, si può ritornare a mangiare di più in termini di calorie, integrando la dieta con quantità maggiori di carboidrati, ma mantenendo le buone abitudini apprese: attività fisica, meditazione, tanta frutta e verdura, grassi insaturi, cibi integrali, carni bianche e pesce.
Per esperienza personale mi rendo conto quanto sia complicato cucinare in una famiglia i cui componenti fanno "diete" diverse: per questo proporrò ricette adatte a tutti. Per chi non ama i calcoli, Sears propone una versione della dieta **con un sistema di misurazione a occhio, basata su un piatto da riempire**, facile e gratificante, soprattutto perché non toglie il piacere di mangiare, ma invita a presentare in tavola piatti pieni, saporiti e colorati. In una dieta, d'altra parte, bisogna avere un'idea delle quantità per evitare di abbuffarsi convinti di stare soffrendo la fame. Per questo proporrò anche un sistema di misura delle quantità di cibo, basato su "blocchi", pacchetti di cibi in cui i diversi nutrienti sono contenuti in modo ottimale.

A CIASCUNO LA SUA FAME

L'utilizzo di energia per le funzioni vitali ha una grande variabilità individuale e, per questo, pur introducendo la stessa quantità di alimenti e avendo uno stile di vita simile, una persona può tendere a ingrassare di più rispetto a un'altra. Questo è dovuto a molti fattori, in particolare al meccanismo insulina-glucagone (pag. 28) che possono essere sbilanciati da un eccesso di energia introdotto rispetto alle reali necessità.
Ma come si origina la **fame** e perché alcuni di noi non smetterebbero mai di mangiare?
La prima regolazione è rappresentata dalle variazioni del livello di glucosio nel sangue che stimola il sistema nervoso centrale, in particolare l'**ipotalamo**, dove sono situati **i centri della fame e della sazietà**. Il nostro cervello agisce come integratore dei segnali che arrivano dalla periferia e, a sua volta, invia informazioni capaci di variare il desiderio e l'assunzione di cibo e la spesa energetica. Nel sistema nervoso centrale abbiamo una **rete oressizzante**, che favorisce la ricerca del cibo, composta da cellule che producono e secernono sostanze che stimolano l'appetito, come il neuropeptide Y (NPY), e una **rete anoressizzante** nella quale operano sostanze che inibiscono l'appetito. In periferia le cellule del "grasso", gli adipociti, produco la leptina, che limita l'assunzione di cibo e aumenta il dispendio energetico; un effetto simile ha l'insulina prodotta dal pancreas. I due ormoni sono aiutati a livello periferico dalla colicistochenina (CCK) e da altre sostanze prodotte dall'intestino e dal duodeno che, mentre è in corso la digestione, mandano al cervello segnali di sazietà. Al contrario, la **grelina** prodotta dallo stomaco ha proprietà oressizzanti, cioè aumenta la ricerca e l'assunzione di cibo e, contemporaneamente, diminuisce il consumo di energia. La sua quantità nel sangue aumenta progressivamente durante il digiuno, inviando

al cervello il segnale di mangiare, e diminuisce rapidamente dopo l'ingestione di cibo. Alimenti ricchi di lipidi ne stimolano la secrezione: ecco perché i cibi ricchi di grassi ci fanno mangiare di più.
Negli ultimi anni i ricercatori hanno scoperto che anche i neurotrasmettitori, le molecole che le cellule del cervello utilizzano per comunicare tra loro e con le altre cellule, sono coinvolti nella regolazione del comportamento alimentare. Merita di essere sottolineato il fatto che il nostro organismo utilizza, per regolare l'assunzione di cibo, le stesse molecole coinvolte nei sistemi di gratificazione, che cioè "ci fanno stare bene", i cui effetti sono simili a quelli provocati artificialmente dalle cosiddette "droghe", derivati dalla cannabis e dall'oppio. L'affermazione che il **cibo** può diventare una **droga** ha trovato il suo fondamento. Negli anni Novanta i ricercatori hanno scoperto gli **endocannabinoidi**, segnali chimici che controllano numerose funzioni fisiologiche del sistema nervoso centrale e di organi periferici: essi fanno parte degli **ecoisanoidi**, la cui regolazione è uno dei punti chiave della Zona.
Secondo la Zona, inoltre, dovremmo tener conto non solo di ciò, ma anche di **quando mangiamo** e non lasciar passare più di due-tre ore tra un pasto e l'altro, in modo da evitare picchi esagerati di fame e conseguenti abbuffate. Tutto il nostro organismo, in particolare il fegato, segue un suo ritmo metabolico durante la giornata, detto ritmo circadiano, dal latino *circum die*, cioè "intorno al giorno". Nelle ore serali è favorita la glicogenesi, ossia il corpo immagazzina carboidrati sotto forma di glicogeno, sostanza di riserva, mentre al mattino predomina la glicolisi, cioè bruciamo gli zuccheri. Meglio pertanto assumere carboidrati al mattino che di sera. Tuttavia i ritmi biologici di ognuno di noi sono molto variabili, in parte per cause genetiche, in parte per le diverse abitudini. Per adottare un'alimentazione corretta è importante rendersi conto se si è gufi (notturni) o allodole (diurni). Le allodole si svegliano presto e alla sera sono esauste. Hanno un bioritmo "anticipato", devono fare una prima colazione molto abbondante, uno spuntino a metà mattina e una cena leggera e possono anche saltare lo spuntino serale. I gufi, invece, si svegliano tardi e non andrebbero mai a letto alla sera. Al mattino faticano a digerire, quindi la prima colazione deve essere leggera e "stimolante" (caffè, tè); alla sera possono mangiare più delle allodole perché traggono benefici dallo spuntino serale.

Ereditarietà e ambiente

Ciascuno di noi è diverso dagli altri a causa dei geni, le informazioni contenute nelle molecole di DNA presente nel nucleo di tutte le cellule. Per stabilire l'ereditarietà delle diverse malattie si fanno studi sui gemelli monozigoti, cioè nati da un'unica cellula uovo fecondata da un solo spermatozoo, quindi con lo stesso patrimonio genetico. Attualmente è possibile leggere direttamente le informazioni contenute nei geni grazie ai dati raccolti dal Progetto Genoma.
Uno studio pubblicato dalla rivista Science *nell'ottobre 2004 afferma che una mutazione genetica, cioè un cambiamento del DNA dei mitocondri, la centrale energetica delle cellule, potrebbe essere alla base di una serie di malattie del metabolismo come l'ipertensione arteriosa, l'ipercolesterolemia e altre disfunzioni, compresi l'obesità e il diabete. I geni dei mitocondri sono trasmessi esclusivamente per via "femminile" cioè dalla madre ai figli. Un gruppo di ricercatori statunitensi diretto da Richard Lifton, professore di genetica all'Università di Yale, ha esaminato 142 membri di quattro generazioni di una stessa famiglia, tutti discendenti da una donna che soffriva di un'insufficienza di magnesio nel sangue: molti avevano lo stesso problema, altri soffrivano di ipertensione arteriosa, colesterolo alto, trigliceridi alti, insulino-resistenza e obesità. Questo studio potrebbe individuare nella mutazione dei geni dei mitocondri il legame tra diverse patologie legate a disfunzioni del metabolismo. I ricercatori, autori della ricerca, sottolineano che anche nelle persone normali le funzioni dei mitocondri declinano con l'età e questo potrebbe spiegare la frequenza delle malattie del metabolismo in gran parte della popolazione anziana. Le cause delle disfunzioni mitocondriali, secondo altri ricercatori, potrebbero essere legate anche a carenze di acidi grassi essenziali omega-3: la Zona raccomanda di assumere ogni giorno questi acidi grassi (pag. 38).*

Entriamo nella Zona

Posto che non esistono due persone identiche, la scala dei rapporti tra proteine e carboidrati che assicura la massima efficienza varia da un soggetto all'altro, benché a livello individuale presenti confini precisi, basati sul rapporto tra carboidrati induttori di insulina e proteine assimilabili a ogni pasto.
Barry Sears, *La Zona. La nuova alimentazione*, Sperling & Kupfer

Tutti gli esseri viventi possono mantenere l'ordine e l'organizzazione che li caratterizzano solo lottando contro il disordine dell'ambiente. L'**omeostasi** è appunto la proprietà del vivente di **mantenersi costante**: esempi sono, nel nostro corpo, il controllo del peso, la regolazione della temperatura corporea e della glicemia, la quantità di glucosio nel sangue.
Le cause del venir meno del delicato equilibrio che mantiene il nostro peso stabile possono essere diverse, così come sono numerose le differenze genetiche e ormonali individuali, ma, in genere, la risposta più semplice è anche la più corretta: se mangiamo in quantità eccessiva rispetto ai consumi, il nostro bilancio energetico è in attivo e l'energia, cioè le calorie in eccesso, non vengono bruciate ma immagazzinate come tessuto adiposo, "il grasso". Il nostro organismo è in grado di far fronte ai cambiamenti dell'ambiente che lo circonda grazie alla possibilità di modificare il proprio metabolismo, l'insieme delle reazioni chimiche che fanno funzionare le cellule. In condizioni di abbondanza di cibo accumula riserve da utilizzare nei periodi di penuria. Nel valutare l'apporto energetico bisognerebbe tener conto non solo della quantità di calorie, ma anche del modo con cui sono assunte. Quasi tutti i cibi contengono, in proporzioni diverse, i macronutrienti principali: proteine, carboidrati e grassi; tutti e tre apportano energia in

quantità quasi uguale i primi due (4 kcal ogni 100 grammi), in quantità più che doppia i grassi (9 kcal per 100 grammi). Per dimagrire è necessario diminuire le calorie assunte e aumentare il dispendio, facendo molta attenzione a non cadere in situazioni di squilibrio. Sembrerebbe logico diminuire la quantità di grassi, ma numerose ricerche hanno evidenziato che una dieta con abbondanza di carboidrati, soprattutto zuccheri, non sempre ottiene buoni risultati e può avere effetti controproducenti sui livelli di colesterolo HDL e di trigliceridi. Le proteine, d'altra parte, non possono essere limitate perché hanno funzione soprattutto "plastica", cioè servono a costruire/ricostruire cellule e tessuti, a trasportare ossigeno e nutrienti, a regolare tutte le funzioni dell'organismo. La Zona cerca di apportare tutti e tre i macronutrienti in proporzioni ottimali, senza trascurare i micronutrienti: vitamine e sali minerali.

IL PIATTO DA RIEMPIRE

Nel libro troverete esempi di menu "a Zona".
Seguiremo per una settimana due *zonisti*, marito e moglie che hanno deciso di ricorrere a questa dieta perché si sono accorti di essere aumentati un po' troppo di peso. Lei, Mary, ha 40 anni, è casalinga e un'ottima cuoca; deve resistere alla tentazione di assaggiare di tutto un po', soprattutto mentre cucina. Un giorno alla settimana pratica attività sportiva, ma cerca in ogni momento di mantenersi in forma andando al lavoro a piedi e facendo passeggiate. Lui, Paolo, ha 50 anni, fa l'impiegato e ogni giorno deve affrontare parecchie ore di viaggio per raggiungere il luogo di lavoro; a mezzogiorno mangia in ufficio. Fa attività fisica due volte la settimana. Entrambi, al mattino, si svegliano sbadigliando e anche durante il giorno sono stanchi e stressati: hanno sempre fame e spesso non resistono alla tentazione di un dolce.
Il pasto in comune che vede la famiglia riunita è quello serale.
Per entrare nella Zona si può utilizzare il modello qualitativo del piatto da riempire (vedi schema alla pagina seguente), o quello quantitativo: a blocchi.
Per il primo modello occorre un piatto piano grande (27-28 cm di diametro), come quelli comunemente utilizzati per portare in tavola gli alimenti. La quantità giornaliera di proteine deve corrispondere al volume del palmo della propria mano senza le dita, circa 90 grammi di carne per lei e 120 per lui, il resto del piatto si riempie con verdure favorevoli quali insalata, pomodori, spinaci, melanzane e con frutta colorata, ricordando che più colore mettete in tavola più carboidrati "buoni" potete mangiare. L'insalata, ad esempio radicchio o cicoria, può essere aggiunta a volontà. Importante è non esagerare con i condimenti: condite le verdure crude con succo di limone o con un cucchiaino di aceto, scegliendo a piacere tra le diverse varietà (di vino, di mele, balsamico) e aggiungete una piccola quantità di grassi moninsaturi (olio extravergine d'oliva, mandorle, avocado). Potete anche mangiare cereali a basso indice glicemico (avena, orzo), che devono corrispondere al volume di due pugni. Se scegliete invece carboidrati meno favorevoli, come

pane, pasta, riso, ne dovete consumare una quantità pari al volume di un pugno. Una volta raggiunto il peso forma, con le stesse ricette suggerite dal libro, aumentando leggermente le porzioni, è possibile adottare un'alimentazione equilibrata e normocalorica che faccia propria i punti forti della Zona: preferire le proteine magre, come pollo, vitello, tofu, pesce; scegliere carboidrati a basso indice glicemico, in particolare frutta e verdura colorati, limitando soprattutto gli zuccheri semplici ed evitando i grassi saturi.

Pasti nella Zona senza calcoli

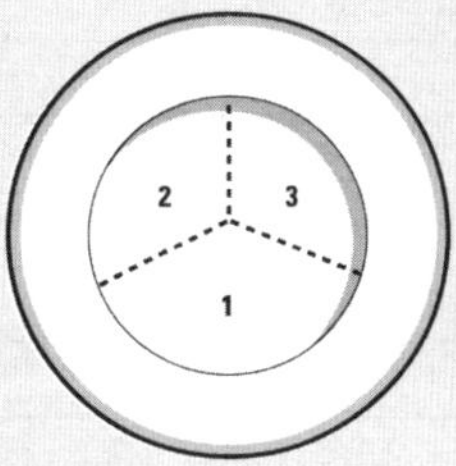

1. Dividete un piatto da portata (27-28 cm) in tre parti. Un terzo del piatto dovrà essere riempito con una porzione di alimento contenente proteine: per una donna, 90 g circa di carne magra o 150 g di pesce; per un uomo, 120 g di carne o 180 g di pesce. Una dose di proteine per uno spuntino corrisponde a circa 30 g. La prima volta provate a pesare i vostri cibi, poi imparerete a regolarvi autonomamente a casa o al ristorante. Per valutare meglio "a occhio", ricordiamo che la porzione consigliata di cibi proteici corrisponde a una fetta di carne non troppo spessa, grande come il ***palmo della mano****.*

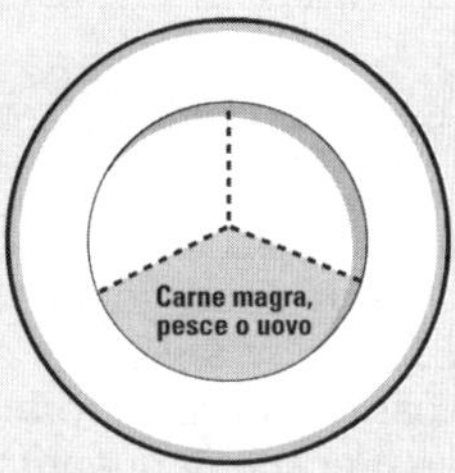

2. Riempite il resto del piatto con verdura e frutta.

3. Non dimenticate di aggiungere olio extravergine d'oliva.

IL METODO A BLOCCHI

Per essere equilibrato e rientrare nella Zona, un pasto o uno spuntino deve essere composto da tre parti: una di carboidrati, una di proteine e una di grassi, in modo tale che il 40% delle calorie derivi dai carboidrati, il 30% dalle proteine e il 30% dai grassi (regola del 40-30-30).

Oltre al metodo "a occhio", per non essere ossessionati dal calcolo dei nutrienti, si può adottare il metodo "a blocchi" che consente di rimanere nella Zona consumando quantità ottimali di carboidrati, proteine e grassi. A ogni 7 grammi di proteine (1 blocco) bisogna abbinare 9 grammi di carboidrati (1 blocco) e 3 grammi di grassi (1 blocco), preferibilmente mono-insaturi, evitando quelli idrogenati. Il grasso sostiene una parte importante nella produzione degli eicosanoidi (pag. 35) e in altri processi corporei. Una volta stabiliti quanti grammi di proteine servono ogni giorno, calcolandoli a partire della nostra massa magra (pag. 17), si determina il numero dei blocchi di cui si dovrà comporre la dieta. Per far ciò basta dividere l'ammontare proteico per 7. Ottenuto il numero complessivo dei blocchi, lo si suddivide per i pasti della giornata (solitamente 5 o 6). Nell'impostare i pasti si cercherà di rispettare il rapporto ideale 1:1:1, ossia 1 blocco di proteine, 1 di carboidrati e 1 di grassi. Il rapporto 1:1:1 deve essere tale per il singolo pasto, per più pasti vicini, ad esempio cena e spuntino o colazione e spuntino e/o per la dieta giornaliera, non per i singoli alimenti. Sono possibili scelte diverse, in modo da personalizzare la dieta secondo le esigenze di ciascuno legate al lavoro, allo studio, all'attività fisica.

ESEMPI DI DIETA A ZONA CON IL METODO DEI BLOCCHI					
	Blocchi	**Alternative**			
Colazione	2	3	3	3	2
Spuntino	1	1	1	1	1
Pranzo	4	3 (4)	4	3 (4)	4
Spuntino	1	1	1	1	2
Cena	4	4	2 (3)	3	3
Spuntino	(1)		1	1	(1)
TOTALE	**12 (13)**				

Un menu equilibrato adatto a una donna che lavora ed è abbastanza attiva corrisponde a 12 blocchi. Tra parentesi le possibili scelte per il menu maschile da 13 blocchi. In pratica, uno spuntino è composto in genere da 1 blocco: 9 grammi di carboidrati, 7 grammi di proteine e 3 grammi di grassi. Un pasto principale (pranzo o cena) deve fornire i tre macronutrienti nei multipli delle precedenti quantità: per esempio, volendo fare un pasto da 4 blocchi a base di petto di pollo, lattuga, pomodori, mele, olio extravergine d'oliva, ovvero un pasto corrispondente a 36 g di carboidrati, 28 g di proteine, 12 g di grassi, si dovrà mangiare all'incirca 140 g di petto di pollo, 450 g di pomodori da insalata, 200 g di lattuga, 180 g di mela, un cucchiaino abbondante di olio.

Questo menu è una delle possibili combinazioni di alimenti che corrisponde alle quantità richieste dei tre macronutrienti. L'elasticità nella composizione dei pasti è massima ed è possibile gestire all'interno della dieta anche alimenti sfavorevoli mangiandone di meno: ad esempio, se scegliamo la pasta per il pranzo, con 40 grammi di pasta bianca (o 60 integrale) abbiamo già introdotto 4 blocchi di carboidrati, che dobbiamo abbinare a 4 blocchi di proteine, ad esempio 120 g di tonno o 160 g di salmone, e a 4 di grassi, ad esempio 12 g di olio extravergine d'oliva (1 cucchiaio circa). Aggiungiamo colore, cioè micronutrienti (vitamine e sali minerali) utilizzando parte dell'olio per condire una bella insalata di radicchio verde e rosso.

La quantità minima di blocchi al giorno è 11, ma la quantità è estremamente personalizzata in base al calcolo del fabbisogno proteico. La colazione è un vero e proprio pasto: in genere, corrisponde a 3 blocchi, soprattutto se ci aspetta una mattinata di lavoro intensa o se si fa attività fisica al mattino. Si può scendere a 2 se si fa attività fisica nel pomeriggio; in questo caso andrà rafforzata la cena.

ESEMPI DI BLOCCHI	
7 g di proteine (1 blocco)	**20 g** di bresaola, **25 g** di prosciutto crudo o speck **30 g** di pollo, o tacchino senza pelle, o tonno, o fontina **35 g** di coniglio, petto di pollo, agnello o maiale magri, o trota **40 g** di acciuga, sgombro, cernia, dentice, caciotta fresca **45 g** di pesce spada, triglia **2** albumi d'uovo
9 g di carboidrati (1 blocco)	**20 g** di orzo, avena **40 g** di fagioli freschi **100 g** di pere, kiwi, ciliegie **120 g** di asparagi, broccoli, cavolfiore e zucchine cotte, macedonia naturale **170 g** di fragole, mirtilli **250 g** di cocomero **300 g** di pomodori da insalata Cicoria, radicchio a volontà (anche 1 kg)
3 g di grassi (1 blocco)	**6 g** di anacardi o di mandorle **3 g** di olio extravergine d'oliva **5 g** di noci fresche **10 g** di olive nere

Esistono alimenti già bilanciati, ad esempio **200 g di latte scremato** o di **yogurt magro** contengono proteine, carboidrati e grassi nelle giuste proporzioni pari a **1 blocco**.
Potete trovare le tabelle con i blocchi che corrispondono a tutti gli alimenti in http://www.optizone.it/default.asp. Dallo stesso sito può essere scaricato il software per valutare la massa magra e quindi calcolare il numero di blocchi necessari al giorno.

MASSA MAGRA, MASSA GRASSA

Se vogliamo dimagrire, dobbiamo cercare di perdere soprattutto "grasso". La Zona stabilisce le quantità di nutrienti necessari ogni giorno partendo dalla quantità di **massa magra** che comprende sangue e altri liquidi corporei, muscoli, scheletro, visceri: a essa è legato il metabolismo basale (MB), cioè l'energia necessaria per consentire la sopravvivenza in condizioni di assoluto riposo (respirazione, circolazione sanguigna, regolazione della temperatura corporea) cui si aggiunge quella per il movimento e per le diverse attività quotidiane. La massa **magra** consuma calorie da otto a dieci volte in più del tessuto adiposo, si modifica con l'attività fisica a causa dell'aumento del tessuto muscolare e per le variazioni di glicogeno, la riserva di energia dei muscoli che viene consumata durante il movimento e ricostruita a ogni pasto.

La composizione del corpo varia con l'età e con il sesso. I bambini, rispetto agli adulti, hanno una maggiore percentuale di acqua corporea. Con l'aumentare dell'età aumenta invece il "grasso": alla nascita rappresenta il 14% del peso corporeo, a sei anni il 18%. Già nell'infanzia le bambine hanno una maggior percentuale di tessuto adiposo rispetto ai maschi e la differenza diventa sempre più marcata con il passare degli anni. In particolare, durante la pubertà, contemporaneamente al rapido aumento di altezza, si ha nei maschi il massimo aumento di massa magra che, con un processo che continua fino a 20-25 anni, raddoppia rispetto all'infanzia. Nelle ragazze, invece, l'incremento puberale della massa magra termina a 18 anni, in parallelo all'aumento di statura.

Negli adulti normopeso le percentuali di grasso sono del 13-15% nel maschio, del 20-22% nella femmina. In un uomo adulto di 70 kg, la massa magra è quindi di circa 60 kg, in una donna adulta di 63 kg è invece di 43 kg. L'invecchiamento consiste in una progressiva perdita di massa magra: il processo inizia intorno a 40 anni e a 85 la massa magra si è ridotta di tre quarti. Sono principalmente i muscoli a perdere tessuto, ce ne accorgiamo osservando le persone anziane che, soprattutto se conducono una vita sedentaria, vanno facilmente incontro ad atrofia muscolare. Non necessariamente con l'invecchiamento si ha perdita di peso, anzi, di solito si tende a ingrassare: ciò che si perde in muscoli e ossa si riacquista come tessuto adiposo.

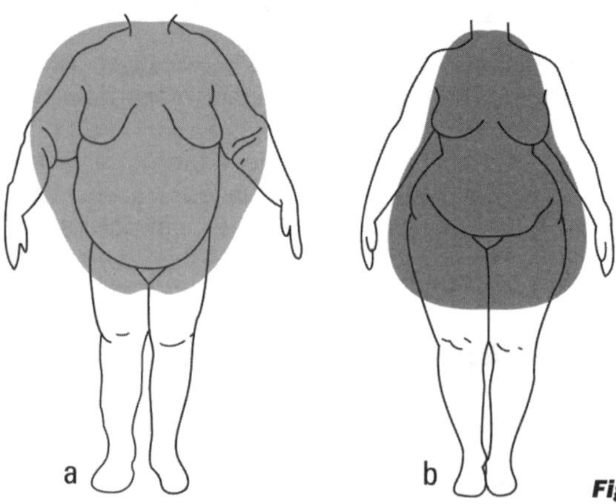

Fig. 3 *Grasso a mela o a pera?*

La differenza fra i due sessi è soprattutto nel cosiddetto grasso essenziale, o primario, che rappresenta una riserva indispensabile per gran parte degli organi. È sbagliato, soprattutto da parte del gentil sesso, porsi come obiettivo un dimagrimento eccessivo, inseguendo immagini di corpi "androgeni" da modella: le statistiche dimostrano che gli individui troppo magri hanno una minor aspettativa di vita rispetto a quelli normopeso. Non tutto il "grasso" è uguale: il più pericoloso è quello tipico dell'uomo adulto e della donna in menopausa, caratterizzato dall'accumulo di "ciccia" in sede addominale profonda, responsabile dell'antiestetica pancia. Nella donna il grasso di deposito eventualmente in eccesso è meno dannoso e ha una forma "a pera", o **ginoide**, con distribuzione intorno al centro del corpo, nei glutei, intorno ai fianchi e agli arti; nell'uomo in sovrappeso o obeso e nella donna in menopausa si ha invece una distribuzione androide, "a mela", intorno alla vita: si forma così la pancia.
Se vogliamo sapere con buona approssimazione se siamo "mele" o "pere" possiamo misurare le circonferenze a livello della vita e dei fianchi. Misurate la circonferenza della vita all'altezza dell'ombelico (non nel punto più stretto) e quella dei fianchi nel punto più largo, poi calcolate il rapporto tra le due misure **(WHR Waist/Hips ratio)**.

RAPPORTO CIRCONFERENZA VITA/FIANCHI		
Maschio	**Femmina**	**RISCHIO**
Meno di 0,95	Meno di 0,80	Basso
Tra 0,96 e 1	Tra 0,80 e 0,85	Medio
Superiore a 1	**Superiore a 0,85**	**Alto**

Anche la sola circonferenza della vita ci può dire se la nostra ciccia è pericolosa: valori superiori a 94 cm nell'uomo e a 80 cm nella donna sono indice di obesità viscerale e si associano a un rischio moderato di malattie metaboliche; valori superiori a 102 cm nell'uomo e a 88 cm nella donna sono associati a un "rischio elevato".

COME MISURARE LA MASSA CORPOREA

La massa grassa è indispensabile per la sopravvivenza perché assicura una costante disponibilità di energia al variare degli apporti ambientali. Il metodo più accurato per misurarla, la pesatura idrostatica, è molto complesso e si basa sul principio di Archimede. La misura si esegue in una vasca speciale e confronta il peso che ha il soggetto completamente immerso nell'acqua (con i polmoni svuotati dell'aria) con quello misurato fuori dall'acqua. La densità e quindi il peso a parità di volume del tessuto magro sono superiori a quelle del tessuto grasso, quindi il tessuto magro affonda nell'acqua e il tessuto grasso galleggia.

In alternativa si possono misurare le "pieghe" cutanee con i plicometri: questa tecnica misura i livelli di grasso nel corpo determinandone l'entità in alcuni depositi chiave con un apposito strumento, il plicometro. Metodiche più accurate ricorrono ad analisi mediante i raggi X o il passaggio di corrente.
La bioimpedenziometria corporea (BIA) sfrutta la diversa conduttività dei tessuti del corpo alla corrente elettrica alternata a basso voltaggio. Si posizionano gli elettrodi sul dorso delle mani e dei piedi e si misura la resistenza elettrica. L'elaborazione successiva dei valori ottenuti ci dà un quadro completo della composizione corporea, suddividendo il peso in acqua corporea totale, massa grassa, massa magra. La massa magra contiene una maggior quantità di acqua e di sali sciolti (elettroliti) e ha quindi una minor resistenza elettrica e una maggior conduttività. Esistono apposite bilance in grado di eseguire in modo semplice e poco costoso questa analisi. La misura più accurata della composizione corporea, utilizzata a scopo di ricerca e per gli atleti professionisti, si ottiene per mezzo dei raggi X (DEXA): la dose di radiazioni utilizzata è simile a quella di una normale radiografia al torace. Infine, si può ricorrere a misurazioni antropometriche con un metro a nastro nei punti dove normalmente è distribuito il grasso, come il punto vita, l'ombelico e le cosce; apposite tabelle per il sesso maschile e femminile consentono di risalire alla massa grassa. In rete si possono trovare numerosi siti che offrono la possibilità di effettuare il calcolo on line (pag. 120) partendo dalle circonferenze di vita e fianchi per lei, di vita e polso per lui.
La formula di Jackson-Pollock utilizza il BMI calcolato dividendo il peso in chilogrammi per l'altezza in metri elevata al quadrato:

MASSA GRASSA % = (1,61 x BMI) + (0,13 x età) – (12,1 x sesso) – 13,9

(sesso = 1 se maschio; sesso = 0 se femmina). Il metodo è valido per gli adulti, sedentari o con attività fisica moderata. I risultati ottenuti si avvicinano a quelli derivati da metodiche più sofisticate, tuttavia presentano un margine di incertezza di circa il 9%.

CALCOLO DELLA MASSA MAGRA E DEI NUTRIENTI: PER LEI E PER LUI

Per iniziare la dieta i nostri due zonisti devono calcolare la propria massa magra e, una volta ottenuta la percentuale di massa grassa, si calcola per differenza (massa magra% = 100 – percentuale massa grassa%), poi si moltiplica il proprio peso per il risultato ottenuto. Il calcolo è stato fatto utilizzando il foglio excel scaricato dal sito http://www.optizone.it/ ed è solo esemplificativo.

CALCOLO DELLA MASSA MAGRA E DEI NUTRIENTI: PER LEI		
Peso	70	kg
Altezza	155	cm
Età	40	anni
BMI	29	
Misura anche	99	cm
Misura addome	77	cm
Indice di attività fisica (intensa)	1,7	
Massa grassa	30,2	%
Massa magra	48,9	kg
Proteine al giorno	**83**	**g**
BLOCCHI al giorno	**12**	

Le proteine necessarie si calcolano moltiplicando la massa magra per l'indice di attività (tabella a pag. 22).
PROTEINE PER MARY (considerando la sua attività abbastanza intensa): 48,9 x 1,7 = 83 g, pari a 12 blocchi.
Con lo stesso metodo utilizzato per Mary, si ottiene che le proteine necessarie ogni giorno a Paolo sono circa 90 g, pari a 13 blocchi.

CALCOLO DELLA MASSA MAGRA E DEI NUTRIENTI: PER LUI		
Peso	80	kg
Altezza	170	cm
Età	50	anni
BMI	27,6	
Misura vita	105	cm
Misura polso	18	cm
Indice di attività fisica (intensa)	1,7	
Massa grassa	34	%
Massa magra Kg	52,8	kg
Proteine al giorno	**89,7**	
Blocchi al giorno	**13**	

Indice di attività: grammi di Proteine per un kg di massa magra	
Sedentario puro (divano, sedia, televisione, pantofole)	1,1
Lavoro tranquillo senza alcuna attività fisica	1,3
Lavoro più attività fisica leggera; soggetti obesi (uomini con oltre il 30% di massa grassa, donne con oltre il 40%)	1,5
Lavori stressanti; soggetti che si allenano regolarmente almeno tre volte a settimana o che praticano costantemente uno sport	1,7
Lavoro più allenamento atletico quotidiano	1,9
Pesante allenamento quotidiano	2,1
Intenso allenamento a scopo agonistico, integrato da sedute giornaliere con i pesi; doppio allenamento sportivo professionale quotidiano	2,3

Per impostare la dieta bisogna ricordare che il rapporto ottimale consigliato da Sears tra le percentuali di calorie giornaliere ottenute dai diversi nutrienti è: 30% di proteine, 40% di carboidrati; i grassi dovrebbero rappresentare il restante 30%. La quantità di energia in chilocalorie al giorno di un'alimentazione così impostata è in genere bassa (meno di 1.500 kcal), cioè la Zona è **ipocalorica**, adatta quindi a chi vuole perdere peso. Si consiglia di sottoporsi a controllo medico e di chiedere suggerimenti al proprio medico di fiducia. Alcuni esami possono essere consigliati prima e dopo sia per evidenziare miglioramenti, sia per evitare danni. È sconsigliabile adottare diete con quantità troppo basse di calorie. Se si utilizza il metodo a "blocchi" (pag. 15) non scendere mai sotto gli **11 blocchi**.

Star bene con se stessi

Nella nostra epoca l'uomo ha perso ideologicamente la strada...
La scienza si è spinta troppo oltre nel distruggere la fiducia dell'uomo
nella sua grandezza spirituale... e gli ha istillato la convinzione
di essere semplicemente un insignificante animale, che si è evoluto per caso
e necessità in un altrettanto insignificante pianeta,
sperduto nella grande immensità del cosmo...
Noi dobbiamo renderci conto dei grandi misteri della struttura materiale
e del funzionamento dei nostri cervelli, della relazione tra cervello e mente
e della nostra immaginazione creativa.
Sir John Eccles, Nobel per la neurofisiologia

La meditazione e altre tecniche di rilassamento hanno un ruolo importante per chi ha deciso di iniziare una dieta; riducono infatti la concentrazione nel sangue degli ormoni dello stress, adrenalina e cortisolo, e di conseguenza migliorano la pressione arteriosa e la frequenza cardiaca. Lo stress è un retaggio dell'evoluzione. Di fronte a una situazione di pericolo l'organismo attiva la reazione di fuga; come una gazzella che vede arrivare un leone, raccoglie tutte le proprie energie producendo due ormoni: l'adrenalina, che scinde il glicogeno in glucosio, e il cortisolo, che trasforma le proteine in zuccheri.
Se lo stress scatta a vuoto e non possiamo fuggire, il nostro corpo si prepara continuamente a una fuga impossibile e, a lungo andare, subisce numerosi danni. Per questo è importante rilassarsi, sgombrare la mente dalle preoccupazioni e dai cattivi pensieri. La meditazione è molto diffusa in Oriente con tradizioni e regole che si perdono nella notte dei tempi; ad esempio, in India ha un significato religioso: è considerata il primo passo verso la contemplazione ed è

determinante ai fini dell'illuminazione. Gli antichi maestri hanno proposto vari metodi: l'induzione all'inganno, il rallentamento dell'attività e la concentrazione profonda. La via dell'inganno implica la conoscenza e lo studio dei procedimenti usati dalla mente per poterli controllare; quella del rallentamento, la riduzione dell'attività mentale attraverso appropriate tecniche di rilassamento o ascetiche. La via della concentrazione elegge, come strumenti preferiti per aiutare la mente a focalizzarsi in un punto il mantra, una filastrocca di parole ripetute, e lo yantra, dalla radice sanscrita *yam* che significa "sostenere, reggere". Gli yantra sono disegni geometrici astratti utili per la meditazione e per lo sviluppo della consapevolezza: ogni yantra è un "recinto sacro" che aiuta la mente a concentrarsi. Ci si può concentrare anche sul respiro (pranayama), in modo da dare un unico compito alla mente, abitualmente occupata in mille distrazioni.
La pratica considerata più produttiva dalla maggior parte dei maestri è quella che sviluppa il *vairagya* o "distacco", cioè la capacità di contemplare il proprio pensiero dall'esterno senza venirne coinvolti. La meditazione può essere fatta in casa o all'aperto, passeggiando in un giardino o in un bosco, a piedi o in bicicletta. Venti minuti al giorno possono essere sufficienti per ottenere buoni risultati. In casa, dimenticando tutte le vostre preoccupazioni, le vostre tensioni, sedetevi sul pavimento a gambe incrociate, in posizione comoda, cercando tuttavia di mantenere la schiena ben eretta, tenete gli occhi chiusi, il più possibile immobili, ma rilassati. Cominciate per qualche minuto ad ascoltare i rumori che vi giungono da lontano, dall'esterno della stanza dove vi trovate. Poi concentratevi sulla materialità della stanza: le pareti, il soffitto, il pavimento, gli oggetti presenti vicini a voi... Allontanatevi con la mente dai rumori, dagli oggetti... Cercate di vedere voi stessi seduti in meditazione come se foste "fuori". Rilassatevi e lasciatevi pervadere dalla calma e dalla serenità. Concentratevi sul respiro che si farà più lento e più evidente. Ora siete certi di avere consapevolezza di voi stessi, dell'attimo che state vivendo qui e ora. Quello che state sperimentando è uno stato di coscienza in cui cercherete di rimanere con naturalezza e piacere fin che vi sarà possibile. Prendete le distanze della vostra mente: accogliete i pensieri con distacco, senza essere coinvolti. Devitalizzate i pensieri spogliandoli del loro aspetto emotivo: in questo modo rimarranno nella vostra memoria come un'esperienza, ma non vi angosceranno.

ZONA E ATTIVITÀ FISICA

Cento metri a piedi, le scale invece dell'ascensore o della scala mobile, non prendere la macchina per andare a fare la spesa, non cercare sempre e comunque la posizione più comoda: è il primo passo verso uno stile di vita nella Zona. Cinque o dieci minuti di cammino più volte al giorno possono produrre un discreto miglioramento nel livello di efficienza fisica. Una piacevole passeggiata – con calzature adatte per assicurare un giusto appoggio al piede, con una naturale

oscillazione delle braccia mantenute in posizione rilassata, respirando in modo corretto e fermandosi al primo segno di affanno – può anche trasformarsi in un allenamento vero e proprio. Importanti sono la costanza e la continuità. Chi fa due ore di camminata a passo veloce ogni settimana dimezza il rischio di infarto e ictus, chi ne fa quattro rischia ancora meno. In vacanza si possono riscoprire giochi divertenti da praticare all'aria aperta, come le bocce e il minigolf. L'attività fisica può essere aerobica o anaerobica, secondo il diverso utilizzo del glucosio da parte delle cellule: abbondanza di ossigeno nel primo caso con combustione completa, mancanza di ossigeno nel secondo. L'esercizio aerobico deve essere continuativo, ma non troppo intenso: possono bastare anche venti minuti di camminata a passo veloce o di corsa o in bicicletta, che possono essere spezzati in due "tempi" da dieci minuti ciascuno. Oltre al movimento quotidiano, può essere utile per perdere peso un'attività fisica organizzata, ad esempio in palestra o in un club sportivo 2 o 3 volte la settimana.
L'attività da preferire per ritrovare il peso forma è l'**esercizio aerobico**, praticato a ritmo blando per permettere ai muscoli di essere ossigenati a sufficienza e per evitare la formazione di acido lattico che, se in eccesso, contribuisce ai sintomi della fatica. Gli esercizi aerobici sono praticati al 60-80% della Frequenza Cardiaca Massima. Questa si calcola sottraendo la propria età a 220 (battiti del cuore al minuto), cioè varia tra 130 e 170 battiti per individui giovani, 110-150 per individui di mezza età e 110-140 per individui più anziani. Sono salutari anche lunghe pedalate in bicicletta da soli o con gli amici, oppure nuotate al mare o in piscina. Queste attività provocano adattamenti cardiocircolatori, respiratori e metabolici; coinvolgendo tutti i gruppi muscolari aumentano il livello del tono muscolare e producono cambiamenti favorevoli anche sull'apparato osteoarticolare, migliorando l'efficienza di muscoli e ossa. Per mantenere, o eventualmente aumentare la massa magra, e in particolare quella muscolare, è consigliata anche un'attività anaerobica, ossia esercizi che sviluppano la forza muscolare con prestazioni brevi, anche di pochi secondi, e ripetute (sollevamento pesi, ginnastica), di intensità tale per cui i muscoli utilizzano prevalentemente carboidrati in mancanza di ossigeno.
Il dispendio energetico è legato alle caratteristiche individuali e soprattutto al tipo di attività svolta. In un soggetto di 70 kg di peso, per esempio, un esercizio aerobico leggero-moderato (come il bowling, il golf o l'equitazione) favorisce un dispendio energetico medio di 7 calorie/minuto; per attività aerobiche da moderate a pesanti (come basket, ginnastica aerobica, calcio, tennis o pallavolo) si spendono dalle 8 alle 12 calorie/minuto. Infine, con esercizi massimali, come praticare sport a livello competitivo o correre a 11-14 km orari, si raggiunge una spesa energetica che può superare le 13 calorie/minuto.
L'esercizio fisico aumenta l'efficacia dei benefici della Zona ed è indispensabile per chi vuole perdere peso. Infatti, le diete ipocaloriche da sole non sono efficaci perché l'organismo cerca di adattarsi, cioè di risparmiare energia, quindi non bru-

cia i grassi: dobbiamo costringerlo a consumare di più muovendoci. Se l'attività praticata è molto faticosa, si consiglia un mini-spuntino 45-30 minuti prima di cominciare e un altro subito dopo. E non dimenticate di reintegrare le perdite di liquidi bevendo acqua prima, dopo e durante l'attività.

Gli alimenti della Zona

Il consumo di glucosio da parte del cervello varia;
per esempio è doppio durante la veglia in rapporto al suo livello
durante il sonno. Nell'uomo normale la glicemia fluttua tra gli 800 mg/l
dopo il digiuno notturno e i 1.200 mg/l dopo ogni pasto.
Per contro l'utilizzazione del glucosio da parte del cervello
rimane pressoché costante: quattro grammi l'ora.
Jean-Marie Bourr, *La dietetica del cervello*

In tutti i modelli alimentari equilibrati la maggior parte dell'energia giornaliera dovrebbe derivare dai carboidrati, l'unico combustibile per i globuli rossi e per il cervello che, a differenza dei muscoli, non può immagazzinare scorte e deve "bruciare" lo zucchero: perciò ha bisogno costantemente anche di ossigeno. La dieta a Zona viene spesso accusata di essere povera di queste sostanze: Sears infatti consiglia di ricavare dai carboidrati il 40% dell'energia contro il 50-60% consigliato dai LARN (Livelli di assunzione di energia e nutrienti raccomandati per la popolazione italiana). In realtà, la quantità complessiva di carboidrati nella Zona non è poca, ma rende questa dieta adatta soprattutto a chi vuol perdere peso. Tutti coloro che non hanno bisogno di dimagrire: bambini, anziani, adulti normopeso, sportivi professionisti, possono adottare le raccomandazioni qualitative della Zona e consumare quantità maggiori di carboidrati, cercando di privilegiare quelli "migliori", cioè a basso indice glicemico. Per tutti, infatti, la regolazione della glicemia, il contenuto di glucosio nel sangue, rappresenta la chiave per l'equilibrio e per la salute.
Altre diete dimagranti, come la Atkins o la Beverly Hill, limitano fortemente l'apporto di questi nutrienti. Bisogna fare molta attenzione perché i glucidi, oltre a

essere indispensabili al cervello, svolgono un'azione protettiva nei confronti del fegato e permettono un corretto utilizzo dei grassi. Se l'apporto di glucosio è insufficiente, la sua quantità nel sangue si abbassa, provocando ipoglicemia: il primo a risentirne è il cervello con capogiri e senso di spossatezza. Il fegato cerca di rimediare e sintetizza glucosio da lipidi e da proteine con un processo denominato gluconeogenesi; di conseguenza, si ha un eccesso di urea, una sostanza di scarto che deve essere smaltita dai reni, e un accumulo di corpi chetonici, composti tossici per l'organismo provenienti dall'utilizzo degli acidi grassi in assenza di carboidrati. La carenza di glucidi nei bambini può determinare inoltre perdita di peso e ritardi di crescita: per questo la dieta a Zona è riservata agli adulti.
Come abbiamo già detto, la regolazione della glicemia è essenziale per l'omeostasi del nostro organismo e quindi per la salute. L'indice glicemico o IG misura la **qualità dei carboidrati**; in altre parole, la velocità con cui gli alimenti che contengono questi nutrienti provocano l'aumento della quantità di glucosio nel sangue. Il controllo è esercitato dal **pancreas**, attraverso gli ormoni **insulina** e **glucagone**. L'insulina è prodotta ogni volta che il livello di glucosio in circolo aumenta per assunzione di carboidrati, oppure in risposta ai segnali inviati dall'apparato digerente per mezzo degli ormoni gastrointestinali o anche per l'aumentata concentrazione di alcuni aminoacidi. Essa si lega ad appositi recettori nel **fegato**, nei **muscoli** e nel **tessuto adiposo**: il suo compito è di riportare la glicemia al giusto livello favorendo l'accumulo nel fegato e nei muscoli di glicogeno, una sostanza di riserva formata da una lunga catena di molecole di glucosio. L'insulina, inoltre, indirizza le cellule a usare carboidrati piuttosto che proteine e grassi che sono immagazzinati nel tessuto adiposo. Facilita il passaggio degli aminoacidi dal sangue alle cellule, ha funzione anabolizzante, cioè favorisce la costruzione di molecole, stimola la sintesi proteica e inibisce la neoglucogenesi, la formazione di glucosio a partire da alcuni aminoacidi. È un ormone che fa ingrassare: facilita il passaggio degli acidi grassi dal sangue alle cellule, stimola la sintesi di acidi grassi a partire da glucosio e aminoacidi in eccesso e **inibisce l'utilizzo degli acidi grassi a scopo energetico**.
Se i livelli di glicemia sono bassi, il pancreas secerne il **glucagone**, un ormone che promuove nel fegato la trasformazione del glicogeno in glucosio, aumenta la mobilizzazione dei grassi dal tessuto adiposo e il consumo di grassi e proteine a sfavore di quello di carboidrati. Altri ormoni, come il GH, l'ormone della crescita prodotto dall'ipofisi, l'adrenalina e il cortisolo contribuiscono alla regolazione della glicemia. Questo delicato equilibrio può incepparsi per due motivi: se viene prodotta poca o niente insulina, oppure se ne viene secreta troppa o troppo rapidamente. Nel secondo caso, la glicemia si abbassa all'improvviso, il cervello va in crisi e invia all'organismo gli stimoli per introdurre nuovo combustibile: si ha perciò lo stimolo della fame.

L'INDICE GLICEMICO

L'IG (indice glicemico) si determina in laboratorio in condizioni controllate: si fanno mangiare i diversi cibi da testare a volontari, alcuni con il diabete, altri sani, in porzioni che contengono 50 grammi di carboidrati disponibili. Si misura la glicemia a diversi intervalli di tempo e si riportano i dati in un sistema di assi cartesiani. Si calcola poi il rapporto in percentuale tra l'area della curva di assorbimento costruita nelle **due ore successive** all'ingestione di 50 g di glucosio, o di un altro alimento di riferimento, come il pane bianco, e quella ottenuta dopo l'ingestione dell'alimento di cui si effettua la misura. IG = risposta glicemica dell'alimento da testare (area N 1)/risposta dell'alimento di riferimento (area N 2) x 100. Un indice glicemico di 50 significa che l'alimento testato innalza la glicemia con una velocità che è la metà di quella del glucosio. Per calcolare l'indice glicemico rispetto al pane bianco basta moltiplicare quello relativo al glucosio per 1,37.

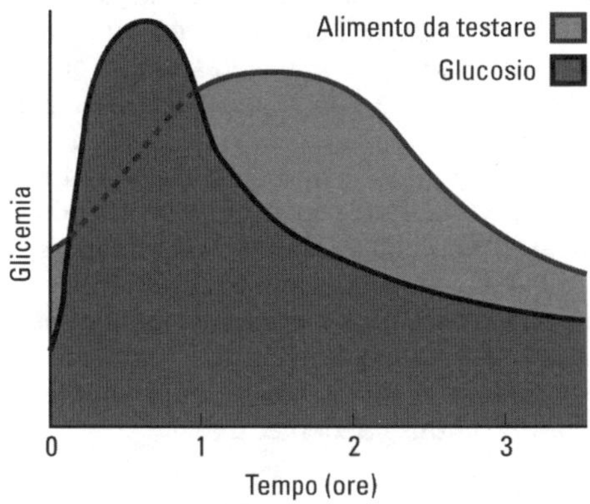

Fig. 4 *Variazioni della glicemia dopo l'ingestione di glucosio e dell'alimento da testare.*

Per avere dati attendibili si fanno prove con diversi soggetti e si fa una media dei valori ottenuti: per esempio, per testare gli spaghetti, gli studiosi ne somministrano ai volontari 200 grammi che, secondo le tabelle di composizione degli alimenti, contengono 50 grammi di carboidrati disponibili. La risposta a questa somministrazione viene messa in rapporto con quella ottenuta dal cibo di riferimento: l'esperimento viene ripetuto in giorni diversi e viene fatta la media dei risultati ottenuti. I principali fattori che influenzano l'indice glicemico di un alimento sono:

1. il tipo di zuccheri semplici (rapporto fruttosio-glucosio);
2. la presenza di amilosio o amilopectina;
3. la presenza di fibra;
4. la composizione chimica;
5. la forma dell'alimento;
6. le interazioni con grassi, proteine e sodio che modificano la velocità dell'assorbimento intestinale;
7. la cottura.

Il **fruttosio** ha IG inferiore a 30 e non bisogna abusarne perché, se in eccesso, viene trasformato in grasso. Le **maltodestrine** hanno invece lo stesso IG del glucosio e sono formate da amidi parzialmente predigeriti in cui le catene di polisaccaridi sono accorciate mediante idrolisi: il processo di predigestione rende l'amido più assimilabile. Per il riso gli IG variano da 54 a 132: quello brillato ha un IG più elevato di quello intero. Le cause di una tale variabilità sono probabilmente due: la forma dei chicchi e il **rapporto** che esiste tra **amilosio** e **amilopectina**, due diverse forme di amido: il primo con catena lineare, la seconda con catena ramificata. L'amilosio è poco assimilabile e solo il 40% è digerito. L'amilopectina si digerisce molto più velocemente, quindi gli amidi che ne contengono molta hanno un indice glicemico più alto. In genere, meno il riso è raffinato minore è il suo indice.
L'IG diminuisce se ai carboidrati si aggiungono proteine. In conclusione, un pasto misto formato da **proteine**, **carboidrati** e **grassi** è digerito più lentamente di uno a base di un solo nutriente: la maggior permanenza nello stomaco e nell'intestino tenue fa sì che i carboidrati siano rilasciati in modo più graduale e, quindi, penetrino nel sangue più lentamente. Per questo la Zona consiglia di mangiare in ogni pasto **tutti e tre i principi nutritivi**. Assumendo proteine nel pasto serale o in uno spuntino prima di addormentarsi si ritarda il calo della glicemia tra le 24 e le 3 del mattino successivo e si arriva alla colazione del giorno dopo in condizioni di equilibrio. All'interno di pasti misti l'utilizzazione prevalente di cibi a basso indice glicemico favorisce comunque il controllo glicemico: scelta vincente si rivela la combinazione **alimentare con verdura e altri alimenti ricchi di fibra idrosolubile** che non dovrebbero mai mancare nei pasti in Zona.
La cottura aumenta la digeribilità degli amidi e quindi il loro IG: per mantenerlo basso la dieta a Zona consiglia per i cereali cotture al dente.

IL CARICO GLICEMICO

La definizione di indice glicemico ha portato a classificare come "cattivi" tutti i cibi che innalzano bruscamente la glicemia provocando rilascio di insulina (ad esempio banane, carote, patate) prima che ci si rendesse conto che ciò che conta non è solo il dato qualitativo, ma anche quello quantitativo: **il carico glicemico**. In altri termini, come per ingrassare conta quanto si mangia, così la **secrezione di insulina** varia secondo la **quantità di cibo** che si assume.
Il carico glicemico (CG) si ottiene moltiplicando i grammi di carboidrati contenuti in un certo alimento per il suo indice glicemico e dividendo il risultato per 100. Ad esempio, 200 g di carboidrati a indice 80 hanno lo stesso comportamento di 160 g a carico 100. Nel primo caso CG = 200 x 80/100 = 16, nel secondo CG = 160 x 100/100 = 16. Il fruttosio ha un indice glicemico che è circa un terzo di quello dello zucchero comune, ma 30 g di fruttosio provocano un rilascio di insulina maggiore di 8 g di zucchero, infatti 30 g di fruttosio danno un carico di 30 x 23/100 = 69, mentre 8 g di zucchero danno 8 x 67/100 = 53,6.

Ad esempio:
50 g di patatine fritte (IG 95) corrispondono a un carico glicemico di 475; per eguagliarlo ci vogliono:
119 g di spaghetti al dente, cottura 5 minuti (IG 40);
oppure:
136 g di fagioli cannellini (IG 35);
oppure:
317 g di ravanelli, porri, pinoli o spinaci (IG 15).
Il carico glicemico si può paragonare al peso complessivo di un oggetto, l'indice al peso specifico del materiale da cui è formato. Il peso specifico del ferro è maggiore di quello dei mattoni, ma una moneta di ferro pesa meno di un mattone. Un alto carico glicemico è associato a un aumento di rischio del diabete di Tipo 2 e di patologie cardiovascolari.
Nella **Zona naturale** non si valuta tuttavia solo l'IG: alcuni cibi a basso o nullo IG, come cioccolata e noccioline, devono essere usati con moderazione a causa del loro alto contenuto di grassi saturi e altri, ad alto IG come le carote, possono entrare nelle dieta perché danno poche calorie e sono ricche di vitamine. Infine, alcuni carboidrati, come quelli contenuti in avena e guar, hanno effetti protettivi: aiutano, infatti, il fegato ad assorbire colesterolo per fabbricare la bile, quindi ne diminuiscono la concentrazione nel sangue. Il consiglio è lo stesso delle Linee Guida: **variare il più possibile gli alimenti**. Nella tabella che segue sono raggruppati valori di IG e CG per alcuni alimenti.

VALORI DELL'INDICE E DEL CARICO GLICEMICO			
	Indice glicemico	Carico glicemico	ALIMENTI
ALTO	70 o più	20	Pane bianco; patate fritte, in purè o bollite; miele; dolci; riso bianco.
MEDIO	56-69	11-19	Banane; ananas; albicocche; pop corn; riso basmati; pane integrale; fiocchi d'avena.
BASSO	55 o meno	10 o meno	Verdura e frutta (arance, pere, uva, mele); latte e derivati (yogurt, formaggi magri); lenticchie; cioccolato amaro; fagioli lessi; soia; avena; orzo.

TOLLERANTI O INTOLLERANTI ALL'INSULINA?

Nelle persone sane la quantità di insulina nel sangue non è costante, ma varia a causa dell'alimentazione. Anche i livelli basali di questo ormone non sono perfettamente stabili; è stata infatti osservata una secrezione "oscillante" con alti e bassi in periodi di 3-6 minuti. Dopo i pasti i valori aumentano sensibilmente, per poi ritornare ai livelli basali nel giro di un paio d'ore. La massima concentrazione raggiunta è tanto più consistente quanto maggiore è la quantità di zuccheri introdotta, mentre hanno minor influenza il contenuto proteico e quello lipidico. I grassi, al pari delle fibre, si oppongono a eccessivi rialzi dell'insulinemia, rallentando i tempi di digestione e la velocità di assorbimento intestinale degli zuccheri; di conseguenza, il picco insulinemico raggiunto dopo un pasto completo risulta inferiore a quello registrato dopo aver mangiato carboidrati da soli.

Ognuno di noi è unico a causa dei geni che ha ereditato dai propri antenati e quindi reagisce in modo diverso all'assunzione delle stesse sostanze con gli alimenti. Numerose ricerche iniziate negli anni Ottanta hanno evidenziato che il 25% della popolazione ha una risposta insulinica lenta: anche assumendo carboidrati ad alto indice glicemico la quantità di ormone nel loro sangue non subisce innalzamenti bruschi, il 50% ha un comportamento che possiamo definire normale e un altro 25% della popolazione ha invece una reazione insulinica eccessiva e potrebbe andare incontro a situazioni di squilibrio legate al mancato controllo della glicemia.

Nel diabete di Tipo I, o insulino-dipendente, mancano cellule che producono insulina: questa malattia colpisce di solito persone giovani e può essere curata solo somministrando dall'esterno insulina. Nel diabete di Tipo 2, diffuso negli adulti, non funzionano invece i recettori per l'ormone, cioè si ha **resistenza all'insulina**. Per poter agire, infatti, l'insulina deve legarsi a specifici recettori posti sulle membrane cellulari. Quando i recettori perdono sensibilità nei confronti dell'ormone, l'organismo cerca di compensare aumentandone la secrezione pancreatica; in questi casi si parla di **insulino-resistenza**. Nelle fasi iniziali la glicemia rimane a livelli normali, ma se la situazione di squilibrio continua, le cellule pancreatiche non riescono più a produrre abbastanza insulina; il risultato è un aumento della glicemia post-prandiale. A lungo andare, l'ulteriore riduzione della concentrazione di insulina nel sangue – dovuta al progressivo esaurimento delle beta-cellule pancreatiche – determina la comparsa di iperglicemia anche a digiuno. In conclusione, l'insulino-resistenza rappresenta spesso l'anticamera del diabete.

Come abbiamo già visto, la secrezione di insulina è tanto maggiore quanto più alto è l'indice glicemico dei carboidrati assunti, ma bisognerebbe tener conto che anche carne, pesce e formaggi magri, e soprattutto gli aminoacidi da soli, rappresentano un discreto stimolo, mentre i grassi e le fibre possono avere un effetto opposto. Per questo nella Zona naturale vanno assolutamente evitati i supplementi con polveri a base di proteine e/o di aminoacidi insieme ai prodotti di pasticceria (ricchi di grassi e carboidrati raffinati), che inducono una risposta insulinica superiore a quella attesa sulla base dell'indice glicemico. Un metodo molto semplice per individuare la nostra risposta all'ingestione di carboidrati è provare a fare un pasto in cui questi rappresentino il nutriente dominante, ad esempio mangiare un piatto di pasta poco condita: se dopo poco tempo (un'ora) abbiamo di nuovo fame siamo "intolleranti", cioè abbiamo una risposta troppo veloce.

Evitare una produzione eccessiva di insulina è utile per:

1. non andare incontro a disfunzioni metaboliche che potrebbero portare al diabete di Tipo 2;

2. non avere continuamente fame, anche se si introducono poche calorie;
3. mantenere un peso accettabile;
4. mantenere basso il colesterolo, poiché l'insulina è uno dei fattori che ne stimola la produzione endogena.

Come fare?

1. Limitare i carboidrati ad alto indice glicemico;
2. assumere pasti con la corretta ripartizione dei macronutrienti (evitare i pasti a base di soli carboidrati);
3. mangiare 4-5 volte al giorno, evitando abbuffate nei pasti principali;
4. preferire fonti di carboidrati a bassa densità, ad esempio quelli contenuti nelle verdure e nella frutta.

ZONA E PROTEINE

Le proteine sono le sostanze fondamentali del corpo: hanno la funzione di riparare i tessuti e costruire nuove cellule. Nel corpo di un uomo adulto troviamo circa 12 kg di proteine e di queste ogni giorno circa 250 grammi (quantità 10 volte la quantità introdotta con il cibo) sono "riciclate", cioè vengono disfatte e rifatte: gli aminoacidi da esse ottenuti vengono riutilizzati per costruirne altre. Possono essere anche utilizzare per ottenere energia, in questo caso devono essere "bruciate" e l'azoto, un elemento chimico che solo loro contengono, deve essere eliminato con le urine soprattutto come urea, ma anche come acido urico. L'utilizzo delle proteine come fonti energetiche aumenta in condizioni di stress, esercizio fisico intenso, crescita, gravidanza, allattamento. Sono formate da molecole più piccole, i 20 amminoacidi, uniti in lunghe catene: 9 aminoacidi (valina, isoleucina, leucina, lisina, metionina, fenilalanina, treonina, triptofano e istidina) sono **essenziali**, cioè devono essere necessariamente introdotti con gli alimenti; gli altri possono essere fabbricati dalle cellule anche partendo da altri principi nutritivi, come i grassi e i carboidrati.
In natura esistono alimenti che contengono quantitativi sufficienti di tutti gli aminoacidi essenziali. Si parla in questo caso di **proteine nobili**, o complete, generalmente presenti in carni, uova, pesce e latticini. Le proteine animali sono migliori per il contenuto di aminoacidi essenziali. Anche i vegetali (cereali e legumi) sono ricchi di proteine, tuttavia, nei cereali mancano alcuni aminoacidi come lisina e triptofano, mentre i legumi contengono buone quantità di lisina ma sono carenti in metionina. Per le proteine vegetali è necessario ricorrere al principio della **complementazione**, consumando insieme cereali, ricchi ai amminoacidi solforati (metionina), con legumi, ricchi di lisina. Piatti equilibrati sono: **pasta e fagioli** o risi e bisi, polenta e lenticchie, pasta o riso con ceci.
Il fabbisogno proteico della popolazione generale è stimato in 1 grammo per chilo di peso corporeo: un adulto sedentario di 70 kg ha bisogno di circa 70 grammi di proteine al giorno; l'attività fisica aumenta il fabbisogno fino a 1,2-1,4 g per kg di peso.

Come abbiamo già detto, nella Zona **vanno evitate** le carni rosse, il tuorlo d'uovo, gli insaccati e tutte le fonti **proteiche ricche di grassi saturi**. Sono da preferire soia e derivati (tofu), pesce, carni bianche, albume d'uovo, formaggi magri, latte scremato, yogurt magro.

ZONA E GRASSI "BUONI"

"Fate che io abbia intorno a me uomini ben pasciuti, ben pettinati, che dormano la notte. Quel Cassio è troppo magro, ha una cera da affamato, pensa troppo, simili uomini sono pericolosi", dice il Giulio Cesare di William Shakespeare.

I lipidi, o grassi, sono composti costituiti da carbonio (C), ossigeno (O) e idrogeno (H), a cui talvolta si lega il fosforo (P). Nel nostro organismo costituiscono circa il 17% del peso corporeo: sono presenti in tutte le cellule come costituenti delle membrane e formano il **grasso essenziale**, o **primario**, contenuto in midollo osseo, cuore, polmoni, milza, reni, muscoli, intestino, sistema nervoso. I grassi sono distribuiti in parte sotto la cute come sostanze di riserva, soprattutto sotto forma di trigliceridi nel **grasso di deposito**, un tessuto dinamico che è continuamente fatto e disfatto dal nostro organismo. Gli acidi grassi sono composti da lunghe catene di carbonio con un numero pari di atomi e un gruppo funzionale carbossilico (COOH). I trigliceridi sono formati dall'unione di una molecola di glicerolo, o glicerina, con tre di acidi grassi. Gli acidi grassi possono contenere solo legami semplici **(saturi)**, oppure un doppio legame **(monoinsaturi)** o più doppi legami **(polinsaturi)**.

Nella Zona il 30% dell'apporto calorico deriva dai grassi, ma un grammo di questi nutrienti contiene 9 kcal, quindi le quantità totali sono ridotte: per i nostri zonisti Mary e Paolo sono necessari ogni giorno rispettivamente 36 grammi circa per lei e 39 grammi per lui. Una dieta dimagrante deve costringere l'organismo a "bruciare" i lipidi contenuti nel tessuto adiposo: per perdere 4 kg di massa grassa in eccesso bisogna bruciare 36.000 kcal.

La sindrome metabolica

Nel 2001, negli USA, il National Cholesterol Educational Program (NCEP) ha proposto come criterio per la diagnosi di sindrome metabolica la presenza di alterazioni in tre di queste cinque misure:

- ☐ *elevata circonferenza del giro vita: maggiore o uguale a 102 cm negli uomini e 88 cm nelle donne;*
- ☐ *livelli di trigliceridi: maggiore o uguale a 150 mg/dl;*
- ☐ *ridotti livelli di colesterolo HDL: minore di 40 mg/dl negli uomini e di 50 mg/dl nelle donne;*
- ☐ *pressione sanguigna alta: maggiore o uguale a 130 mmHg per la pressione sistolica (massima) e a 85 mmHg per quella diastolica (minima);*
- ☐ *elevata glicemia a digiuno: maggiore o uguale a 100 mg/dl.*

È sbagliato tuttavia eliminare i grassi dalla dieta perché rallentano l'immissione in circolo dei carboidrati, rendendo più lenta la risposta insulinica, e stimolano il rilascio da parte del duodeno di un ormone chiamato colecistochinina, o CCK, che stimola il centro di sazietà situato nell'ipotalamo. Con una quantità di grassi pari al 30% delle calorie per pasto si ritarda l'entrata degli zuccheri nella circolazione sanguigna e si resiste meglio alla fame; non si ha inoltre guadagno di peso, ma la minor produzione d'insulina aiuta a eliminare il grasso in eccesso e contribuisce a mantenere una giusta percentuale di riserva energetica in modo tale che il corpo non abbia motivo d'immagazzinarne altra per uso futuro. I grassi hanno anche compiti costitutivi: formano le membrane, la porta di ingresso attraverso cui la cellula scambia continuamente segnali con l'esterno, e sono precursori degli ormoni, che sono prodotti dalle ghiandole endocrine e portano messaggi ai loro organi "bersaglio" spostandosi attraverso il sangue da una parte all'altra del corpo; ad esempio, come abbiamo già visto, l'insulina e il glucagone vengono sintetizzati dalle isole del Langerans situate nel pancreas e vanno a fegato, muscoli, tessuto adiposo. Alcuni acidi grassi possono essere facilmente fabbricati anche a partire dal glucosio, altri sono essenziali (EFA), cioè l'organismo non può farseli da solo e deve assumerli con l'alimentazione. Tra gli acidi grassi polinsaturi con due doppi legami, alcuni sono essenziali: l'acido linoleico e l'acido linolenico. Da essi possono essere ricavati altri acidi grassi polinsaturi della serie **omega-3** e **omega-6** (così chiamati per la posizione in cui si trova il doppio legame): i primi si trovano soprattutto negli oli dei pesci azzurri e di altri pesci dei mari freddi, come il salmone, i secondi sono presenti negli oli di origine vegetale. Entrambi sono importanti per la crescita, la salute del sistema cardio-vascolare e immunitario, per lo sviluppo del sistema nervoso centrale e dell'apparato visivo. Appartengono alla serie omega-3 e sono derivati dall'acido alfa-linolenico: l'**EPA**, l'acido eicosapentaenoico, che ha una catena di 20 atomi di carbonio ed è così chiamato dal greco *eicos*, che significa 20, e il **DHA**, docosapentaenoico, acido con 22 atomi di carbonio. La bassa incidenza dell'arteriosclerosi e di altre malattie degenerative negli eschimesi della Groelandia è stata attribuita al loro alto consumo di olio di pesce che contiene elevate quantità di EPA.

GLI EICOSANOIDI

Sia gli acidi omega-3 sia gli omega-6 sono utilizzati per produrre gli **eicosanoidi**, veri e propri ormoni **autocrini** prodotti dalle cellule stesse in piccolissima quantità, che hanno il compito di esplorare l'ambiente circostante e riportare informazioni alle cellule. A differenza degli altri ormoni, gli eicosanoidi hanno vita breve e non si trovano nel sangue. Furono isolati per la prima volta nel 1936 da Ulf von Euler nella prostata delle pecore e per questo furono chiamati **prostaglandine**. In seguito si scoprì che queste sostanze possono essere prodotte da ogni cellula del nostro organismo e sono presenti in tutti gli animali, anche i più primitivi, come le spugne; sono probabilmente il più antico meccanismo di controllo sviluppato dai

primi animali comparsi sulla Terra ben 500 milioni di anni fa. Le prostataglandine sono più di 30, suddivise in 3 famiglie: le PG1 e PG2 derivano dai grassi omega-6 (il cui capostipite è l'acido linoleico), la famiglia PG3 dai grassi omega-3 (il cui capostipite è l'acido linolenico). Molti altri eicosanoidi – trombossani, leucotrieni, lipossine, endocannabinoidi – sono stati studiati da diversi ricercatori. Nel 1971 John Vane scoprì che l'aspirina deve i suoi effetti antinfiammatori alla capacità di modificare i livelli di eicosanoidi nelle cellule: per questa scoperta Vane e i suoi colleghi ebbero nel 1982 il premio Nobel per la Medicina.
Lo studio degli eicosanoidi è solo agli inizi ed è uno dei settori più affascinanti della biochimica dei grassi. Un'osservazione interessante è che queste molecole hanno effetti molto diversi e che l'equilibrio che si stabilisce tra "gli opposti" rappresenta il sottile confine tra salute e malattia, un po' come succede per il sistema nervoso simpatico e para-simpatico: agiscono in modo opposto, uno rallenta e l'altro accelera il battito del cuore, ma dalla loro azione combinata nasce il benessere. L'aspirina deve i suoi effetti antidolorifici e antitrombotici all'inibizione di alcuni eicosanoidi, ma contemporaneamente induce un difetto funzionale nelle piastrine, clinicamente individuabile con un aumento del tempo di sanguinamento, probabilmente perché contrasta un enzima indispensabile per la sintesi di una particolare prostaglandina, PGH2.
Si possono fare numerosi altri esempi: la prostaglandina PGE1 abbassa la pressione sanguigna, contrasta l'aggregazione piastrinica, quindi previene l'insorgenza di trombi e infarti, inibisce la risposta infiammatoria, aiuta l'insulina a mantenere la glicemia costante, regola il metabolismo del calcio, migliora il funzionamento dei sistemi nervoso e immunitario. Al contrario, la PGE2, causa ritenzione idrica, aumenta l'aggregazione piastrinica e la pressione sanguigna, causa infiammazioni. La PGI2, invece, agisce in modo simile alla PGE1. Freme e altri ricercatori, in uno studio pubblicato dalla rivista *Lancet* nel 1985, hanno dimostrato che integrando l'alimentazione con grassi omega-3, migliorano le condizioni di salute in pazienti affetti da patologie autoimmuni in cui l'organismo aggredisce se stesso non essendo più capace di distinguere il "self"dagli agenti estranei. Le cause di questo miglioramento sono da imputare probabilmente al fatto che variando il rapporto tra i grassi omega-3 e omega-6 è possibile "pilotare" la produzione di eicosanoidi limitando la creazione di quelli che alimentano l'infiammazione e aumentando la produzione di quelli che la inibiscono. Si possono formulare ipotesi per spiegare come questo possa avvenire osservando il meccanismo di produzione e gli effetti degli eicosanoidi: quelli derivati dall'**acido arachidonico (omega-6)** hanno la capacità di aumentare le reazioni allergiche, la proliferazione cellulare, la pressione sanguigna, le **reazioni infiammatorie**, l'aggregazione piastrinica, la trombogenesi e il vasospasmo, aumentano inoltre il colesterolo LDL e diminuiscono il colesterolo HDL. Invece, i derivati dell'**EPA (omega-3)** hanno effetti opposti. Questa e altre ricerche evidenziano che le influenze tra eicosanoidi e ormoni, in particolare testosterone, insulina e ormone della crescita, sono talmente complicate che la medicina è soltanto agli inizi

della comprensione completa del loro meccanismo di azione.
L'obiettivo della dieta a Zona è di costruire una situazione alimentare tale da raggiungere un equilibrio complessivo nel metabolismo biochimico e ormonale: mantenendo bassa la concentrazione di insulina si contrasta l'azione di un enzima (delta-5-desaturasi) che rende più veloce la trasformazione dell'acido dihomo gamma linoleico (DGLA) in arachidonico, precursore di eicosanoidi con effetti dannosi. Il sistema è autoregolato con continui processi di feed-back ed è abbastanza difficile indirizzare la produzione di eicosanoidi in un'unica direzione. Inoltre, anche gli eicosanoidi "cattivi" in piccole quantità hanno compiti da svolgere: eliminandoli si arriverebbe al collasso a causa dell'eccessiva diminuzione della pressione o si potrebbero avere emorragie per l'incapacità delle piastrine di aggregarsi. La **varietà dei cibi** presenti nella dieta a **Zona naturale** ci aiuta a mantenerci in equilibrio.

ZONA E INFIAMMAZIONE

Il tessuto adiposo, ritenuto per molti anni inerte, con la sola funzione di riserva energetica, è oggi considerato un vero e proprio organo endocrino coinvolto in numerosi processi fisiologici e patologici, fra cui immunità e infiammazione, grazie alla produzione di sostanze con effetti opposti in una rete complessa di segnali che, negli obesi, appare sregolata. Le conseguenze possono essere insulinoresistenza e aumentato rischio di malattie cardiovascolari.
Il processo infiammatorio è il primo dei meccanismi naturali di difesa del nostro organismo di fronte a un evento infettivo, virale, batterico, traumatico e/o a sostanze riconosciute come estranee. Il suo corretto funzionamento è essenziale per la salute: in caso di necessità si attivano le cellule della serie bianca del sangue, che combattono contro i nemici del nostro corpo. I segnali del loro "lavoro" sono: rossore, gonfiore, pus. A volte il processo scatta a vuoto con gravi conseguenze: questo può avvenire anche se il tessuto adiposo, cioè il **"grasso"**, manda in circolo segnali anomali, diventando **"tossico"**. L'obesità e le sue conseguenze, quali sindrome metabolica e/o diabete mellito Tipo 2, sono caratterizzate da una risposta infiammatoria cronica di basso grado caratterizzata da un'alterata produzione di citochine, i segnali molecolari che attivano la risposta infiammatoria. Aumenta anche la **proteina C reattiva** (PCR), una sostanza che si dosa nel sangue e rappresenta un **indice di infiammazione**. Nei grandi obesi si ha a volte uno stato di infiammazione cronica in cui l'elevata quantità di insulina in circolo favorisce l'accumulo di altro grasso che lancia segnali pro infiammatori: un meccanismo perverso che potrebbe in parte spiegare la difficoltà di riduzione del peso in soggetti fortemente sovrappeso. Secondo alcuni ricercatori tedeschi tutto ha inizio con l'arrivo nel tessuto adiposo di alcune cellule del sistema immunitario presenti nel sangue, i macrofagi che producono sostanze, come il TNF (Tumor Necrosis Factor), che attraggono a loro volta altri macrofagi, innescando un circolo vizioso difficile da interrompere. Bisogna tener presente inoltre che il

grasso in condizioni normali funge da deposito di sostanze nocive, in particolare dell'**acido arachidonico**, un omega-6 con proprietà infiammatorie, quindi potenzialmente **"tossico"**: se le cellule adipose incominciano ad ammalarsi questa pericolosa sostanza si riversa nella circolazione sanguigna, contribuendo ad aumentare la risposta infiammatoria. La dieta a Zona e quella Mediterranea sono antiinfiammatorie perché permettono di mantenere nei giusti limiti la produzione di **acido arachidonico**, impedendone l'uscita dagli adipociti, grazie a un consumo equilibrato di cereali non raffinati, verdura e frutta, olio d'oliva, pesce. Inoltre, con una corretta attività fisica e una vita meno frenetica, si tiene sotto controllo il cortisolo, l'ormone dello stress, che può contribuire al sorgere a al perdurare dell'infiammazione.

INTEGRATORI ALIMENTARI?

La **Zona naturale** non fa proprio il consiglio di Sears di ricorrere a integrazioni di acidi grassi omega-3 e raccomanda invece di procurarsi gli acidi grassi essenziali, in particolare l'EPA, consumando almeno due abbondanti porzioni di pesce, preferibilmente azzurro, alla settimana, di limitare i grassi saturi e l'acido arachidonico e di preferire i grassi monoinsaturi (olio d'oliva, avocado) che non interferiscono nella sintesi degli eicosanoidi. Gli alimenti più ricchi di omega-3 sono, tra i pesci, il salmone, lo sgombro, le sardine, le alici, le aringhe, il pesce spada e il tonno. I pesci allevati in acquacultura presentano in genere quantità di acidi grassi omega-3 inferiori a quelli pescati in mare aperto. Questo è probabilmente dovuto, almeno in parte, alla differente alimentazione: i pesci, infatti, non sintetizzano di per sé gli acidi grassi omega-3, ma li prendono dal plancton del mare, che a sua volta li ottiene dalle alghe unicellulari, gli unici organismi viventi in grado di inserire un doppio legame in posizione 3 negli acidi grassi. Un'ottima scelta è rappresentata dal pesce "azzurro" (sgombri, acciughe, sardine) dei nostri mari perché il pesce d'alto mare potrebbe aver subìto contaminazione da mercurio e da altre sostanze tossiche. Un buon contenuto di omega-3 è presente anche nella selvaggina, nelle noci e nell'olio di semi di lino. Le diverse qualità di pesce possono essere alternate e cucinate in molti modi: al forno, a vapore, alla griglia, in umido, senza che gli omega-3 perdano le loro proprietà benefiche. Come abbiamo già detto, è bene introdurre gli omega-3 nel nostro organismo solo attraverso la dieta senza ricorrere all'utilizzo di integratori alimentari. Il rischio può essere infatti quello di un sovradosaggio, come può accadere se al consumo di pesce due o tre volte alla settimana si abbina l'assunzione di integratori di omega-3. Tra gli effetti nocivi del sovradosaggio vi sono: facilità di sanguinamento e abbassamento delle difese immunitarie. In generale, se una persona segue un regime alimentare vario e riesce a trarre da ciò che mangia tutte le sostanze nutritive necessarie, è inutile ricorrere a integratori, soprattutto ottenuti da sintesi chimiche.

Grammi di acidi grassi omega-3 per 100 grammi di alimento	EPA + DHA
Sardine fresche	4,08
Anguilla d'allevamento, filetti	3,56
Tonno fresco	2,95
Aringa fresca	2,10
Salmone fresco	2,08
Sgombro o maccarello fresco	1,99
Orata fresca d'allevamento, filetti	1,41
Cefalo muggine	1,28
Spigola d'allevamento, filetti	1,26
Storione	1,02
Acciuga, o alice, fresca	0,79
Salmone affumicato	0,78
Orata fresca, filetti	0,67
Trota	0,65
Trota iridea d'allevamento, filetti	0,54
Sogliola fresca o surgelata	0,54
Polpo	0,40
Cozze	0,38
Gamberi sgusciati surgelati	0,34
Spigola	0,29
Merluzzo fresco	0,11

(fonte: Tabelle di composizione degli alimenti INRAN.
http://www.inran.it/646/tabelle_di_composizione_degli_alimenti.html).

ZONA E FIBRE

La fibra alimentare è un insieme di macromolecole formate da lunghe catene: alcune, come cellulosa, emicellulose e pectine, sono in parte digerite dai batteri che vivono nell'intestino, altre, come la lignina, non possono essere utilizzate e vengono espulse con le feci. Sarebbe più corretto parlare di "fibre", alcune, contenute nella frutta, solubili in acqua, altre, non solubili, presenti soprattutto nei cereali integrali e nella crusca, ma anche nelle verdure e nei legumi: a contatto con i liquidi intestinali le fibre solubili si rigonfiano, determinando un aumento della massa fecale, con conseguente riduzione dei tempi di transito, il che si rivela particolarmente utile nella stipsi, nelle emorroidi e nella prevenzione delle infiammazioni del colon. A seconda del tipo, la fibra ha diverse funzioni: la cellulosa regola le funzioni e l'igiene dell'intestino; la pectina aiuta a controllare glicemia e colesterolemia. La fibra, inoltre, conferisce volume al cibo ingerito e quindi

contribuisce anche al raggiungimento del senso di sazietà. L'azione di spazzola operata dalle fibre e la regolare funzione intestinale contribuiscono a proteggerci dallo sviluppo di tumori.
Per non farci mancare queste pregiate sostanze consumiamo ogni giorno legumi, frutta (in particolare albicocche, agrumi, mele, pere, pesche e prugne), ortaggi (quali broccoli, carciofi, carote, cavolfiori, cavoli, cicoria, radicchio, fagiolini, peperoni, melanzane, rape e verze), frutta secca, funghi, cereali integrali, in particolare **avena**, la cui farina contiene una particolare fibra (beta-glucano) utile per ridurre la glicemia e la colesterolemia.
La **Zona naturale** privilegia tutti questi alimenti perché la fibra non fornisce in pratica calorie, ma aumenta il senso di sazietà per la sua capacità di assorbire acqua: mangiare un frutto intero, ad esempio una mela, riempie di più di una tazza di succo a parità di contenuto energetico. Inoltre, i cibi ricchi di fibra vanno masticati a lungo e diventa difficile ingerire molte calorie in un breve lasso di tempo. I LARN (livelli di assunzione raccomandati di energia e nutrienti per la popolazione italiana) consigliano per gli adulti un apporto di circa 30 g/giorno. È preferibile ingerire fibra attraverso gli alimenti che ne sono ricchi, piuttosto che aggiungere alla propria alimentazione fibre preparate come prodotto dietetico. I cibi liofilizzati o in scatola non perdono il loro contenuto in fibre, mentre quelli essiccati, schiacciati o macinati hanno meno componenti solubili. Effetti fastidiosi, quali meteorismo e flatulenza, possono essere ridotti con un'introduzione graduale: è importante bere molta acqua, soprattutto con gli alimenti ricchi di fibra insolubile. Non bisogna tuttavia esagerare perché troppa fibra può assorbire alcuni minerali pregiati, in particolare calcio, ferro, zinco e magnesio.

COME FARE IL PIENO DI FIBRA CON LA ZONA NATURALE			
		g	*g di fibra*
Colazione	Fiocchi d'avena	20	4
Spuntino	Mandorle	40	6
	Pere con buccia	100	3,5
Pranzo	Broccoli	300	9,5
	Pane integrale	50	3,25
	Prugne	100	1,5
Cena	Noci Macadamia	20	3,25
	Radicchio rosso	100	3
TOTALE			**34**

Nella Zona naturale più vitamine e antiossidanti

Della frutta son goloso
Mangio tanta frutta fresca,
grazie, datemi una pesca!
L'acquolina ho già in bocca:
per favore, un'albicocca!
Sono ghiotto e te lo dico
di assaggiare l'uva e il fico.
Amo cogliere la frutta
per mangiarmela poi tutta.
Da *Mini letture*, Collana Mini Mini, De Agostini Ragazzi

A contatto con l'aria la polpa di una mela diventa scura; anche l'argento si comporta nello stesso modo: si manifesta un fenomeno chimico detto **ossidazione**. Gran parte delle reazioni chimiche che avvengono nel nostro corpo sono di ossidazione e di riduzione in cui gli elettroni, particelle piccolissime contenute negli atomi, passano da una sostanza all'altra, ad esempio da un metallo all'ossigeno. La posizione degli elettroni all'interno delle molecole ne determina la stabilità. Un composto è stabile se i suoi elettroni sono in coppia; se, viceversa, un elettrone è da solo, senza partner, la molecola può diventare molto reattiva perché è instabile. Le sostanze organiche che costituiscono il nostro corpo vanno incontro a reazioni di ossido-riduzione e possono formare **"radicali liberi"**, **molecole reattive**, **instabili** perché hanno un elettrone in meno e cercano di procurarselo sottraendolo ai grassi delle membrane cellulari e innescando processi a catena con gravi danni alle cellule.
I radicali liberi vengono prodotti nelle normali reazioni metaboliche e l'organismo

è in grado di neutralizzarli, ma se ad esempio fumiamo, o consumiamo quantità eccessive di alcolici, ci esponiamo ai raggi X, assumiamo alcuni farmaci, come gli antibiotici, il loro numero aumenta danneggiando le strutture cellulari e innescando processi che possono causare carcinomi, arteriosclerosi, diabete. Si stima che ogni cellula subisca ogni giorno 10.000 attacchi da parte dei radicali liberi, che, se non prontamente riparati, possono comprometterne la struttura e il funzionamento. Tra i danni dei radicali liberi possiamo ricordare:

- ☐ la formazione di rughe e l'invecchiamento della pelle causati da alterazioni di tipo ossidativo a carico del collagene, componente del tessuto connettivo e dell'acido ialuronico che cementa le cellule;
- ☐ i danni al nucleo cellulare, ad esempio le alterazioni del DNA;
- ☐ la distruzione delle cellule endoteliali che ricoprono e proteggono i vasi sanguigni;
- ☐ l'acceleramento del processo di invecchiamento, comparsa di arteriosclerosi, di certi tipi di tumore, di artrite e di danni al fegato.

Come abbiamo già detto, le cellule si difendono dall'attacco dei radicali liberi con l'aiuto di sostanze capaci di neutralizzarne l'azione e di riparare i danni molecolari; alcune sono contenute negli alimenti: vitamine (C, A, E) e minerali (selenio), altre vengono fabbricati dalle cellule stesse, come l'enzima superossido-dismutasi. È importante sottolineare che i diversi tipi di antiossidanti, solubili nell'acqua o nei grassi, collaborano tra loro: ad esempio, le sostanze idrosolubili lavorano a livello del citoplasma e vengono poi escrete, mentre quelle liposolubili – come la vitamina A e la E – si trovano nei lipidi della membrana cellulare fornendo protezione nei confronti dei radicali.
In questi ultimi anni è stato osservato che anche i **polifenoli**, composti contenenti più anelli di atomi di carbonio, sviluppano una notevole attività antiossidante. Tra i principali ricordiamo i **flavonoidi**, **i pigmenti colorati in giallo, rosso e arancio** del mondo vegetale e, in particolar modo, la **quercitina** e le **antocianine**. Studi effettuati da numerosi ricercatori hanno dimostrato che chi ha un buon apporto di flavonoidi nella dieta ha una probabilità minore di morire per attacco cardiaco rispetto a soggetti con apporto medio-basso. Anche rispetto al cancro i flavonoidi sembrano avere un effetto protettivo e preventivo: questi composti sono contenuti anche negli oli cui conferiscono stabilità chimica e conservabilità. Si trovano soprattutto nella frutta e nella verdura colorata in verde scuro, giallo, viola, rosso, arancione: mirtilli, more selvatiche, lamponi, ciliege, prugne, albicocche, meloni, mele, cachi, arance, uva nera, cavoli, carote, zucche, fiori di zucchine, spinaci, peperoni, porri, indivia, lattuga e anche nel polline e nella propoli delle api. I **mirtilli** contengono antocianine, antiossidanti che preservano l'integrità dei capillari e proteggono la retina. L'**uva nera** è ricca di **resveratrolo**, principio attivo dotato di azione preventiva sui tumori, azione svolta anche dal vino rosso. Le foglie del tè sono ricchissime di flavonoidi. Particolarmente efficace nel prevenire malattie cardiovascolari, arteriosclerosi e molte forme tumorali è il **licopene**, contenuto principalmente nei **pomodori**, che, secondo recenti ricer-

che, riduce anche il rischio dei tumori alla prostata. Un altro antiossidante è il **coenzima Q**, chiamato anche ubichinone; come dice il suo nome è ubiquitario, si trova infatti sia nel mondo vegetale che in quello animale, ad esempio nelle carni di vitello, maiale, nei pesci come le sardine, negli spinaci e nelle nocciole. Viene fabbricato anche dall'organismo, ma la sua produzione diminuisce con l'invecchiamento.

Infine ricordiamo che, oltre al selenio, altri **sali minerali** hanno proprietà antiossidanti: il **manganese**, contenuto nei cereali, nei legumi, nella frutta e nel tè; il **molibdeno**, contenuto in molti vegetali, nei legumi, negli ortaggi a foglia verde scuro; il **cromo**, contenuto nei grassi, negli oli vegetali, nella carne, nei molluschi, nei cereali integrali; lo zinco, contenuto nel latte, nel fegato, nei frutti di mare.

L'assorbimento dei **flavonoidi** varia da persona a persona in funzione della flora intestinale; migliori sono le condizioni in cui si trova, meglio vengono assorbiti.

La **Zona naturale** è ricca di molta frutta e verdura fresche, cotte e crude, di preferenza biologiche o comunque esenti da contaminanti; di cereali integrali; **yogurt**; cibi che arricchiscono la flora intestinale. Per valutare la capacità di tutte le sostanze presenti negli alimenti di bloccare i radicali liberi in circolazione nel nostro organismo è utile tener conto dell'**indice Orac**, una misura, sotto forma di unità, delle proprietà antiossidanti. Fare il pieno di alimenti con un'elevata attività Orac, come fragole, spinaci, broccoli, bietole, cavoli, prugne, ciliegie e kiwi, può avere molti effetti benefici e completare qualsiasi dieta. Secondo gli esperti di alimentazione, bisognerebbe arrivare ogni giorno a totalizzare circa 5.000 unità ORAC. Anche nella Zona, eccezionalmente, è permesso il cioccolato: quello amaro ha un indice pari a 1.300 unità ORAC.

Unità ORAC per 100 grammi			
Frutta		***Verdura***	
Prugne	5.770	Cavoli	1.770
Uva	2.830	Spinaci	1.260
Mirtilli	2.400	Cavolini di Bruxelles	980
More	2.036	Germogli di erba medica	930
Fragole	1.540	Cavolfiori	890
Lamponi	1.220	Barbabietola	840
Susine	949	Pepe rosso	710
Arance	750	Cipolle	450
Uva nera	739	Mais	400
Ciliege	670	Melanzane	390
Kiwi	602	Pompelmo rosa	483

MEGLIO BIO

I prodotti biologici sono sempre più diffusi nei negozi specializzati, ma anche nei supermercati e di conseguenza il loro consumo è in aumento. Ma quali caratteristiche devono avere e come riconoscerli? La loro produzione deve seguire regole e standard, secondo le norme previste dall'Unione Europea: nei terreni in cui vengono coltivati non possono essere utilizzati fertilizzanti, antiparassitari o altri prodotti chimici, ma solo gli antagonisti naturali di parassiti ed erbacce. Gli alimenti bio, inoltre, non possono contenere organismi geneticamente modificati e/o loro derivati e non possono essere sottoposti a radiazioni, come accade invece per alcuni prodotti tradizionali, ad esempio patate, cipolle e aglio. È anche vietato l'uso di additivi, eccetto in alcuni casi espressamente autorizzati dall'Unione Europea. In eventuali lavorazioni o trattamenti non devono entrare in contatto con prodotti non biologici. Per essere sicuri della qualità di ciò che acquistiamo è indispensabile leggere attentamente l'etichetta del prodotto biologico che deve riportare:

- ☐ il **nome dell'organismo di controllo autorizzato**, e suo codice, preceduto dalla sigla IT;
- ☐ il **codice dell'azienda controllata**;
- ☐ il numero di autorizzazione (sia per i prodotti agricoli freschi che trasformati);
- ☐ la dicitura **"organismo di controllo autorizzato (...) in applicazione del Reg. CEE n. 2092/91**.

Sono invece facoltative:

- ☐ l'indicazione **"Agricoltura biologica - Regime di controllo CE"**;
- ☐ il **marchio** e il **logo europei**.

FUMO E ALCOL: NEMICI DELLA ZONA

Fumo e alcol mettono a dura prova le nostre cellule, aumentando la produzione di radicali liberi. Mentre il fumo è proibito per chi vuole iniziare la dieta a Zona, piccole quantità di alcol, sotto forma di vino, possono essere permesse. Studi iniziati nei primi anni Ottanta, e confermati anche in anni successivi, hanno evidenziato il paradosso francese: i francesi, noti per essere grossi consumatori di cibi a elevato contenuto di acidi grassi saturi e colesterolo, se confrontati con le altre popolazioni europee e con gli americani, mostravano una netta diminuzione dell'incidenza della coronaropatia a esito mortale (infarto acuto del miocardio); il merito è stato attribuito ad alcune sostanze contenute nel vino rosso che svolgono un'attività antiossidante e, in particolare, al resveratrolo. Un consumo moderato di un bicchiere di vino (preferibilmente rosso) al giorno è consentito nella Zona, tenendo presente che 1 grammo di alcol apporta 7 kcal "vuote" che vengono rapidamente disperse sotto forma di calore in pochi istanti a causa della vasodilatazione cutanea che si verifica dopo aver bevuto. Se assunto in eccesso rispetto alle esigenze energetiche, l'alcol ha un effetto ingrassante perché può essere trasformato in lipidi.

Seconda parte

Menu e ricette della Zona naturale

SETTE GIORNI IN "ZONA" PER LUI E PER LEI

I menu consigliati sono indicativi e vanno personalizzati e calibrati, tenendo conto di quanto detto nei capitoli precedenti e della stagionalità di frutta e verdura. L'equilibrio della dieta è raggiunto su base giornaliera e/o settimanale. Lo spuntino serale, previsto di norma nella dieta "maschile", può essere sostituito da una cena più sostanziosa.

Viceversa, se la cena è consumata in prima serata, lo spuntino può essere introdotto nella dieta femminile. Tè e caffè possono essere aggiunti, eventualmente dolcificati con mezzo cucchiaino di miele, evitando però eccessi di caffeina, che può interferire con l'insulina. Se si vuole gustare un bicchiere di vino (200 ml) bisogna togliere una fetta di pane o un frutto.

Quando è citata una ricetta, e in assenza di altre indicazioni, si intende una porzione. I blocchi complessivi della dieta giornaliera sono 13 per lui e 12 per lei. Gli spuntini sono per entrambi pari a un blocco. La colazione è in genere di 3 blocchi per lui e di 2 per lei. A volte i blocchi sono calcolati per due pasti consecutivi, ad esempio colazione e spuntino e/o merenda e cena insieme.

Il sale non è citato tra gli ingredienti: ognuno può aggiungerlo a piacere, preferendo possibilmente quello iposodico o utilizzando erbe aromatiche.

PRIMO GIORNO PER LUI

Colazione ore 8 *(3 blocchi)*
20 g di fiocchi d'avena
250 g di latte vaccino scremato
3 mandorle

Spuntino ore 10,30 *(1 blocco)*
100 g di pera (mezza)
25 g di bresaola
6 pistacchi freschi

Pranzo ore 13 *(4 blocchi)*
130 g di Orata al sale (pag. 103)
180 g di Broccoli in umido (pag. 112)
Una fetta di pane integrale (40 g)

Merenda ore 17 *(1 blocco)*
130 g di yogurt magro
30 g di prugne o di frutti di bosco
7 g di anacardi

Cena ore 20,30 *(4 blocchi)*
Zuppa di verdure e fiocchi d'avena (pag. 61)

50 g di cavolfiore cotto a vapore condito con 3 g di olio d'oliva
50 g di bresaola

SECONDO GIORNO PER LUI

Va in palestra dopo il lavoro (17-19)

Colazione ore 8 *(3 blocchi)*
Tortino bianco (pag. 51)

Spuntino ore 10,30 *(1 blocco)*
Olive farcite (pag. 55)
10 g di cracker integrali

Pranzo ore 13 *(4 blocchi)*
100 g di prosciutto crudo magro
60 g di pane integrale
Un'insalatona mista condita con 3 g di olio d'oliva (1 cucchiaino scarso)

Merenda ore 15,30 *(1 blocco)*
120 g di yogurt da latte parzialmente scremato
30 g di mirtilli

Attività fisica ore 17,30-19

Cena ore 20 *(3 blocchi)*
Torta di verdure al tofu (pag. 79)

Prima di andare a letto ore 21,30
Mousse di ricotta alle noci (pag. 55) *(1 blocco)*

TERZO GIORNO PER LUI

Colazione ore 8 *(3 blocchi)*
70 g di prosciutto cotto
5 g di maionese light
50 g di cracker integrali

Spuntino ore 10,30 *(1 blocco)*
200 g di yogurt bianco magro
50 g di frutti di bosco

Pranzo ore 13 *(4 blocchi)*
Agnello al curry (pag. 90)
Radicchio verde e rosso in insalata (a piacere) conditi con limone o aceto e con 1 cucchiaino di olio extravergine d'oliva
Pane intergale 70 g

Merenda ore 17 *(1 blocco)*
80 g di ricotta
60 g di uva
3 mandorle

Cena ore 20,30 *(4 blocchi)*
Zucchine dorate (pag. 113)
200 g di albicocche

QUARTO GIORNO PER LUI

Fa attività fisica nella pausa pranzo

Colazione ore 7,30
(4 blocchi, colazione + spuntino)
150 g di yogurt magro
Agrumi e ananas (pag. 54)
3 nocciole

Spuntino ore 10,30
45 g di prosciutto San Daniele
45 g di bresaola
30 g di pane integrale

Attività fisica ore 12-13

Pranzo ore 13,30 *(4 blocchi)*
Avena e carciofi (pag. 62)
Coniglio al vino bianco (pag. 86)

Merenda ore 17 *(5 blocchi, merenda + cena + spuntino serale)*
1 bicchiere di Frullato arcobaleno (pag. 56)

Cena ore 19,30
100 g di pomodori e 100 di peperoni in insalata conditi con 1 cucchiaino di olio extravergine
140 g di salmone ai ferri

Prima di andare a letto ore 21,30
1 ciotolina di macedonia naturale
3 anacardi

QUINTO GIORNO PER LUI

Pranza al lavoro

Colazione ore 8 *(2 blocchi)*
Frittata di albumi al formaggio (pag. 84)
40 g di pane integrale

Spuntino ore 10,30 *(5 blocchi, spuntino + pranzo)*
60 g di feta
1 mela

Pranzo ore 13
120 g di prosciutto cotto magro
400 g di verdure grigliate miste (peperoni, melanzane, zucchine) condite con limone o aceto
40 g di pane integrale

Merenda ore 17
(5 blocchi, merenda + cena)
200 g di yogurt magro
1 pera

Cena ore 20
Trote con le noci (pag. 96)
250 g di radicchio in insalata

Prima di andare a letto ore 21
(1 blocco)
200 g di latte parzialmente scremato

SESTO GIORNO PER LUI

Colazione ore 8 *(3 blocchi)*
200 ml di latte scremato
40 g di prosciutto crudo San Daniele
35 g di pane di soia
1/2 pera (circa 80 g)

Spuntino ore 10,30 *(1 blocco)*
50 g di ricotta
1/2 mela (100 g)
3 mandorle

Pranzo ore 13 *(4 blocchi)*
Calamari ripieni (pag. 97)
Insalata colorata: lattuga (200 g), carote (100 g), pomodori (200 g) in insalata, a volontà, condite con limone o aceto e un cucchiaino di olio extravergine d'oliva

Merenda ore 17 *(5 blocchi, merenda + cena)*
25 g di formaggio light
25 g di marmellata a ridotto contenuto di zucchero
1 arancia

Cena ore 20,30
Coniglio agli aromi (pag. 86)
Cavolini di Bruxelles alla frutta secca (pag. 107)
50 g di pane di soia

SETTIMO GIORNO PER LUI

Fa sport di mattina

Colazione ore 7,30 *(3 blocchi)*
80 g di bresaola
50 g di cracker
Budino di orzo con frutta secca (pag. 118)

Attività fisica ore 8-11
(escursione o partita a tennis con amici)

Spuntino ore 11,30 *(1 blocco)*
30 g di fiocchi di formaggio magro (<3% di grasso)
100 g di albicocche
2 noci di macadamia

Pranzo ore 13,30 *(4 blocchi)*
Spaghetti al kiwi (pag. 67)
Palombo ai pinoli (pag. 99)

Merenda ore 17 *(1 blocco)*
20 g di prosciutto crudo magro
Pere alle mandorle (1/2 porzione)

Cena ore 20 *(4 blocchi)*
1 fettina di Petto di pollo allo yogurt (pag. 88)
200 g di bietole condite con 3 g di olio extravergine d'oliva
40 g di pane integrale

PRIMO GIORNO PER LEI

Colazione ore 8 *(3 blocchi, colazione + spuntino)*
1 tazza di latte scremato con 1 cucchiaino di cacao

Spuntino ore 10,30
45 g di feta
100 g di pera
3 olive

Pranzo ore 13 *(4 blocchi)*
Palline di ricotta e albumi (pag. 84)
300 g di zucchine
50 g di pane di soia

Merenda ore 17
1 tazza di latte di soia *(1 blocco)*

Cena ore 20 *(4 blocchi)*
Pesce spada alla marinara (pag. 102)
150 g di peperoni alla griglia
30 g di pane integrale
1 fetta di cocomero o 1 clementina

SECONDO GIORNO PER LEI

Colazione ore 8 *(2 blocchi)*
100 ml di latte (1/2 tazza)
1 cracker
1 fetta di bresaola (40 g)
1/2 mela

Spuntino ore 10,30 *(1 blocco)*
25 g di prosciutto crudo magro
25 g di pane integrale
3 olive

Pranzo ore 13 *(4 blocchi)*
Insalata di farro al sedano (pag. 59)
Trote con le noci (200 g, pag. 96)

Merenda *(5 blocchi, merenda + cena)*
2 cracker integrali
2 fette di bresaola

Cena ore 20
Spaghetti all'avocado (pag. 68)
Fagiolini alla salsa di soia (pag. 109)
1 ciotolina di macedonia naturale

TERZO GIORNO PER LEI

Colazione ore 8 *(3 blocchi, colazione + spuntino)*
Sorbetto di pesche (pag. 50)
50 g di prosciutto crudo magro
2 pistacchi

Spuntino ore 10,30
200 g di yogurt bianco magro

Pranzo ore 13 *(4 blocchi)*
Merluzzo allo zenzero (pag. 99)
250 g di invidia riccia in insalata (condita con 1 cucchiaino di olio extravergine d'oliva)
1 fettina (20 g) di pane pugliese

Merenda ore 17 *(1 blocco)*
25 g di prosciutto crudo
2 cracker integrali
2 mandorle

Cena ore 20 *(4 blocchi)*
Asparagi "vestiti" (pag. 106)
1 piccola mela
1 fettina (30 g) di pane di segale

QUARTO GIORNO PER LEI

Colazione ore 8 *(3 blocchi)*
1 tazza di tè
50 g di bresaola
1 fettina di pane di segale
1 mela

Spuntino ore 10,30 *(5 blocchi, spuntino + pranzo)*
1 fetta di pane di soia
Qualche mandorla

Pranzo ore 13
Eliche scampi e noci (pag. 67)
Petti di pollo allo yogurt (pag. 88)

Merenda ore 17 *(4 blocchi, merenda + cena)*
1 yogurt alla frutta

Cena ore 20
Orzo e gamberetti (pag. 64)

QUINTO GIORNO PER LEI

Colazione ore 8 *(3 blocchi, colazione + spuntino)*
100 g di ricotta con pezzettini di pera

Spuntino ore 10,30
1 fetta di pane pugliese spalmata di formaggio light (20 g)
1 fetta grande di prosciutto crudo magro (30 g)

Pranzo ore 13 *(4 blocchi)*
Pasta di farro (50 g) condita con polpa di pomodoro fresco e 1 cucchiaino di olio extravergine d'oliva
Faraona ai funghi (pag. 87)

Merenda ore 17 *(1 blocco)*
20 g di bresaola
60 g di uva
3 mandorle

Cena ore 20 *(4 blocchi)*
Filetto di sogliola (160 g) alla piastra
Insalata di radicchio a volontà condita con olio extravergine d'oliva
Pane integrale 40 g

SESTO GIORNO PER LEI

Fa attività fisica (piscina) nel pomeriggio (17-19)

Colazione ore 8 *(3 blocchi, colazione + spuntino)*
Crema di frutta e formaggio (pag. 51)

Spuntino ore 10,30
35 g di prosciutto cotto magro
1 craker integrale

Pranzo ore 13 *(3 blocchi)*
Frittata colorata (pag. 85)
Insalata mista (a piacere)

Merenda ore 17 *(1 blocco)*
90 g di ricotta
100 g di frutti di bosco

Cena ore 19,30 *(4 blocchi)*
Spezzatino di vitello (pag. 91)
200 g di zucchine cotte a vapore
50 g di pane di segale

Prima di andare a letto *(1 blocco)*
200 g di yogurt magro

SETTIMO GIORNO PER LEI

Fa attività fisica al pomeriggio (salta la merenda e fa una cena abbondante e uno spuntino serale)

Colazione ore 8
1 tazza (200 ml) di latte parzialmente scremato *(1 blocco)*

Spuntino ore 10,30 *(5 blocchi, spuntino + pranzo)*
1 mela

Pranzo ore 13
Fusilli con germogli di soia (pag. 81)
Insalata mista (200 g) condita con 1 cucchiaino di olio
1 fetta (140 g) di carne ai ferri

Attività fisica ore 16-18

Cena ore 19,30 *(5 blocchi)*
2 fette (50 g) di pane integrale
Zuppa di pesce (pag. 101)
Insalata di lattuga condita con 1 cucchiaino di olio extravergine

Spuntino ore 21 *(1 blocco)*
1 coppetta (200 ml) di yogurt con lamponi (80 g)

COLAZIONI E SPUNTINI DOLCI E SALATI

estate

Torta ricotta e lamponi

Preparazione: **15'**	Cottura: **–**
Difficoltà: **bassa**	Costo: **basso**

vegetariano, senza uova e glutine

Ingredienti per 1 persona:

35 g di ricotta light,
80 g di yogurt greco magro,
30 g di lamponi,
30 g di mirtilli,
1 cucchiaino di fruttosio,
zenzero q.b.

1. Mescolate in una terrina la ricotta, un pizzico di zenzero fresco grattugiato, il fruttosio e lo yogurt greco.

2. Pulite e lavate bene i lamponi e i mirtilli, quindi aggiungeteli alla crema di ricotta e yogurt.

3. Coprite la terrina con un piattino e fate riposare il tutto in frigorifero per 2 ore circa.

estate

Sorbetto di pesche

Preparazione: **30'**	Cottura: **5'**
Difficoltà: **bassa**	Costo: **basso**

vegetariano, senza uova, latticini e glutine

Ingredienti per 4 persone:

1 kg circa di pesche,
150 g di fruttosio,
1 limone.

1. Sbucciate le pesche, togliete il nocciolo, tagliatele a pezzetti e frullatele.

2. Fate bollire 100 ml di acqua, unite il fruttosio e fatelo scaldare a fuoco basso, mescolando con un cucchiaio di legno: spegnete e fate raffreddare.

3. Incorporate il fruttosio al frullato di pesche e unite il succo del limone.

4. Amalgamate bene, versate nella gelatiera e seguite le istruzioni per l'uso.

5. Se non avete la gelatiera, versate il preparato in un contenitore di metallo e mettetelo in freezer per circa 3 ore girandolo di tanto in tanto con una forchetta.

6. Quando il sorbetto sarà pronto, rompete il ghiaccio, frullatelo e servitelo in coppette che avrete precedentemente raffreddato.

tutte le stagioni

Crema di frutta e formaggio

Preparazione: **15'**	Cottura: **–**
Difficoltà: **bassa**	Costo: **basso**

vegetariano, senza uova e glutine

Ingredienti per 1 persona:

40 g di formaggio magro spalmabile,
250 g circa di pere,
noci q.b.

1. Sbucciate le pere, tagliatele a pezzetti e frullatele.

2. Mescolate le pere frullate con il formaggio magro in una terrina, amalgamate bene e mettete l'impasto in una coppetta.

3. Tritate grossolanamente le noci e usatele per guarnire.

Variante: *al posto delle pere si può utilizzare altra frutta di stagione, ad esempio, mele, oppure albicocche o pesche dopo averle snocciolate.*

tutte le stagioni

Tortino bianco

Preparazione: **15'**	Cottura: **–**
Difficoltà: **bassa**	Costo: **basso**

vegetariano, senza uova

Ingredienti per 1 persona:

100 g di latte parzialmente scremato,
100 g di ricotta,
4 g di fruttosio,
1 fetta biscottata integrale (10 g)
2 g di mandorle già sgusciate
e sminuzzate,
frutti di bosco q.b.

1. Scaldate il latte senza farlo bollire e versatene qualche cucchiaino sulla fetta biscottata per ammorbidirla.

2. In una ciotola amalgamate bene il restante latte con la ricotta, il fruttosio e le mandorle fino a ottenere una crema densa.

3. Aggiungete alla fetta biscottata la crema di ricotta e mescolate fino a ottenere un composto omogeneo.

4. Servitelo in coppette, guarnendo con frutti di bosco.

Nota: *se preparate la ricetta per più persone, mettete l'impasto in uno stampo rotondo per budino e fatelo raffreddare in frigorifero.*

tutte le stagioni

Triangoli rossi

Preparazione: **10'**	Cottura: **10'**
Difficoltà: **bassa**	Costo: **basso**
	vegetariano, senza uova

Ingredienti per 4 persone:

4 pomodori rotondi maturi,
100 g di formaggio fresco magro,
10 olive verdi snocciolate,
1 cucchiaino di olio extravergine d'oliva.

1. Tagliate i pomodori a metà, svuotateli all'interno e poi divideteli in quattro parti. Tagliateli ancora ottenendo dei triangolini.

2. Appoggiate su ogni pezzetto di pomodoro una fettina di formaggio e un'oliva.

3. Versatevi sopra un filo di olio d'oliva e servite con crostini di pane integrale.

tutte le stagioni

Pere alle mandorle

Preparazione: **15'**	Cottura: **–**
Difficoltà: **bassa**	Costo: **basso**
	vegetariano, senza uova e glutine

Ingredienti per 4 persone:

4 grandi pere,
25 g di parmigiano reggiano grattugiato,
25 g di mandorle già sgusciate.

1. Tritate le mandorle fino a ridurle a pezzettini piccolissimi e mescolatele, su un piano di lavoro pulito, al parmigiano reggiano.

2. Pelate le pere, togliete il torsolo e tagliatele in pezzetti quadrati (prima a spicchi, poi ogni spicchio in parti più piccole).

3. Infilzate i pezzetti di pera con uno stuzzicadenti.

4. Fate rotolare gli spiedini nel composto di parmigiano e mandorle, disponeteli in un piatto da portata e servite.

autunno

Coppette di frutta

Preparazione: **20'**	Cottura: **15'**
Difficoltà: **bassa**	Costo: **basso**

vegetariano, senza uova, latticini e glutine

Ingredienti per 4 persone:

2 pere,
2 mele,
100 g di frutti di bosco,
300 g di uva,
2 arance,
50 g di miele,
24 g di mandorle già sgusciate,
2 chiodi di garofano,
1/2 bicchiere di acqua,
1/2 bicchiere di vino rosso,
cannella in polvere e noce moscata q.b.

1. Fate bollire l'acqua e il vino col miele, i chiodi di garofano, un pizzico di noce moscata grattugiata e di cannella in polvere.

2. Lavate e tagliate a dadini le pere, le mele e le arance, sgranate l'uva e scottate tutta la frutta nell'infuso di vino aromatizzato.

3. Lasciate riposare la frutta fino a quando si è insaporita bene, scolatela e disponetela in quattro coppette da macedonia.

4. Tritate le mandorle e spargetele sulla frutta. Aggiungete i frutti di bosco.

5. Servite le coppette tiepide.

tutte le stagioni

Crema di avocado

Preparazione: **15'**	Cottura: **–**
Difficoltà: **bassa**	Costo: **basso**

vegetariano, senza uova e glutine

Ingredienti per 4 persone:

2 avocadi,
200 g di latte,
60 g di yogurt greco,
1 arancia non trattata,
1 cucchiaio di fruttosio,
vanillina e frutti di bosco q.b.

1. Sbucciate gli avocadi, togliete i semi e riducete la polpa in una crema densa con il minipimer.

2. Aggiungete un pizzico di vanillina, la buccia grattugiata dell'arancia, il fruttosio, lo yogurt greco e il latte. Mescolate bene.

3. Versate la crema in coppette, mettetele nel frigorifero per 2-3 ore e servite guarnendole con frutti di bosco.

inverno

Agrumi e ananas

Preparazione: **15'**	Cottura: **–**
Difficoltà: **bassa**	Costo: **basso**

vegetariano,
senza uova, latticini e glutine

Ingredienti per 4 persone:

1 ananas (400 g circa),
1/2 kg circa di mandarini,
2 hg circa di arance.

1. Sbucciate e tagliate a fettine l'ananas e disponetele su un piatto da portata. Sbucciate e tagliate a pezzetti il resto della frutta.

2. Mettete in ogni piattino da frutta due fette di ananas, disponeteci sopra l'altra frutta e lasciate insaporire per 15 minuti.

estate

Yogurt con le fragole

Preparazione: **10'**	Cottura: **–**
Difficoltà: **bassa**	Costo: **basso**

vegetariano,
senza uova e glutine

Ingredienti per 1 persona:

200 g di yogurt magro,
90 g di fragole,
lamponi o altri frutti di bosco,
succo di limone e fruttosio q.b.

1. Mettete in una tazza lo yogurt magro e aggiungetevi 1 cucchiaino di fruttosio e un po' di succo di limone.

2. Lavate bene le fragole, mescolatele poi con lo yogurt e mettetele in ciotole da macedonia.

3. Servite le coppette fredde, guarnendo con lamponi o altri frutti di bosco.

tutte le stagioni

Olive farcite

Preparazione: **5'**	Cottura: **–**
Difficoltà: **bassa**	Costo: **basso**

senza uova, latticini e glutine

Ingredienti per 4 persone:
40 g di olive già snocciolate,
4 filetti di acciuga
(o pasta di acciughe),
capperi q.b.

1. Tritate i filetti di acciuga.

2. Riempite le olive con il composto di acciughe e aggiungete un cappero per ogni oliva.

autunno

Mousse di ricotta alle noci

Preparazione: **1'**	Cottura: **–**
Difficoltà: **bassa**	Costo: **basso**

vegetariano, senza uova

Ingredienti per 4 persone:
400 g di ricotta,
40 g di gherigli di noci già tritati,
8 crostini integrali intiepiditi in forno,
prezzemolo tritato e latte q.b.

1. Amalgamate la ricotta, le noci e il prezzemolo in una terrina con un cucchiaio di legno fino a ottenere un composto omogeneo. Se necessario, aggiungete un poco di latte.

2. Formate dei piccoli tortini e serviteli freddi, accompagnandoli con i crostini tiepidi.

tutte le stagioni

Frullato arcobaleno

Preparazione: **5'**	Cottura: **–**
Difficoltà: **bassa**	Costo: **basso**

vegetariano, senza uova e glutine

Ingredienti per 1 persona:

100 g di kiwi,
20 g di succo di limone,
100 g di succo d'arancia,
125 g di yogurt (1 vasetto),
5 g di zucchero di canna (o di miele).

1. Sbucciate i kiwi, tagliateli a pezzetti e metteteli nel frullatore con il succo degli agrumi.

2. Aggiungete lo yogurt e lo zucchero (o il miele) e frullate per pochi minuti.

tutte le stagioni

Spicchi di mela allo speck

Preparazione: **5'**	Cottura: **10'**
Difficoltà: **bassa**	Costo: **basso**

senza uova e latticini

Ingredienti per 1 persona:

1 mela (circa 220 g),
40 g di speck (4 fettine),
2 crostini (circa 20 g).

1. Sbucciate la mela, tagliatela a metà e poi a spicchi in modo da ottenerne otto, quindi avvolgete ogni spicchio con 1/2 fetta di speck.

2. Mettete in forno caldo per circa 10 minuti fino a quando lo speck sarà croccante.

3. Servite gli spicchi caldi con crostini fatti abbrustolire in forno.

CEREALI INTEGRALI

Il farro

È un cereale molto antico, conosciuto già ai tempi degli antichi romani, ricco di glutine e quindi di proteine che lo rendono ideale per la panificazione e per preparare una pasta dalle proprietà salutari. Può essere utilizzato sia come farina che come chicco, da solo o aggiunto alle verdure; insieme ai legumi dà origine a piatti completi, ricchi di aminoacidi essenziali. Prima di cucinarlo, lavatelo in acqua fredda, poi cuocetelo facendolo bollire in acqua leggermente salata in quantità doppia rispetto al volume dei chicchi, direttamente o dopo un ammollo di qualche ora per abbreviare i tempi di cottura. Dopo circa 50-60 minuti di bollitura a fuoco dolce, spegnete e, prima di utilizzarlo, lasciatelo riposare fino a quando l'acqua residua è stata assorbita e i chicchi si sono gonfiati.

tutte le stagioni

Farro e fagioli

Preparazione: **10'**	Cottura: **60'**
Difficoltà: **media**	Costo: **medio**

vegetariano, senza uova e latticini

Ingredienti per 4 persone:

150 g di farro,
500 g di fagioli borlotti freschi (o in scatola),
150 g di pomodori maturi,
1 cipolla,
3 spicchi di aglio,
1 rametto di salvia,
1 costa di sedano,
1 carota,
1 cucchiaio di olio extravergine d'oliva,
brodo vegetale q.b.

1. Lasciate in ammollo il farro in acqua fredda per 2-3 ore, a seconda della qualità, poi scolatelo e sciacquatelo.

2. Lessate i fagioli con uno spicchio di aglio e qualche fogliolina di salvia, quindi scolateli (se usate fagioli in scatola, scolateli bene e fateli insaporire con aglio e salvia).

3. Tritate insieme l'aglio e salvia rimasti, la cipolla, il sedano e la carota e metteteli in una padella con l'olio; fate soffriggere bene, poi aggiungete i pomodori, pelati, privati dei semi e tagliati a pezzetti. Fate cuocere un quarto d'ora circa.

4. Passate le verdure con il passaverdura, aggiungete il brodo vegetale (o anche l'acqua di cottura dei fagioli), rimettete sul fuoco e portate a ebollizione.

5. Salate, aggiungete il farro e lasciate cuocere per circa 40 minuti. Quando il farro è quasi cotto unite i fagioli precedentemente lessati.

primavera

Farro con le verze

Preparazione: **10'**	Cottura: **40-50'**
Difficoltà: **bassa**	Costo: **basso**

vegetariano, senza uova e latticini

Ingredienti per 4 persone:

200 g di farro,
2 cipolle,
1 verza,
1 cucchiaino di semi di finocchio,
1 cucchiaio di olio extravergine d'oliva.

1. Cuocete il farro come spiegato precedentemente (vedi a pag. 57).

2. Mentre il farro cuoce, pulite la verza, tritatela bene e fatela insaporire in un tegame con 1/2 cucchiaio di olio in cui avete rosolato le cipolla tritate; coprite il tegame e fate cuocere a fiamma bassa per circa 10 minuti.

3. Quando il farro sarà cotto, mescolatelo con le verdure, aggiungete i semi di finocchio, l'olio rimasto e fate riscaldare il tutto per qualche minuto, mescolando bene.

primavera

Zuppa di farro, cipolle e asparagi

Preparazione: **10'**	Cottura: **50-60'**
Difficoltà: **bassa**	Costo: **basso**

vegetariano, senza uova

Ingredienti per 4 persone:

200 g di farro,
300 g di cipolle,
400 g di asparagi,
2 cucchiai di olio extravergine d'oliva,
1/2 litro di brodo vegetale,
parmigiano grattugiato q.b.

1. Sciacquate il farro e mettetelo a bagno in acqua fredda per 2-3 ore, scolatelo e sciacquatelo nuovamente.

2. Tritate le cipolle e fatele rosolare con 1 cucchiaio di olio in una padella.

3. Unite il farro, versatevi sopra il brodo bollente, salate, fate cuocere per circa mezz'ora, poi aggiungete la parte verde del gambo degli asparagi, pulita, lavata e tagliata a pezzettini rotondi, e terminate la cottura.

4. A parte, fate cuocere a vapore le punte degli asparagi, che unirete al resto della zuppa quando sarà cotta.

5. Aggiungete l'olio rimasto e servite la zuppa calda. A piacere spolverate con parmigiano grattugiato.

tutte le stagioni

Minestra di farro

Preparazione: **5'**	Cottura: **60'**
Difficoltà: **media**	Costo: **basso**
	vegetariano, senza uova

Ingredienti per 4 persone:

250 g di farro,
1 cipolla,
1 carota,
1 gambo di sedano,
4-5 pomodori pelati (freschi o in scatola),
50 g di formaggio pecorino grattugiato,
1 cucchiaio di olio extravergine d'oliva,
peperoncino q.b.

1. Pulite e lavate bene il gambo di sedano, la carota e la cipolla, quindi tagliate le verdure a pezzettini.

2. Mettete in una pentola 1 litro e 1/2 circa di acqua, portate a ebollizione e versatevi le verdure.

3. Aggiungete il farro, che avrete sciacquato in acqua fredda, e fatelo cuocere per circa 20 minuti mescolandolo spesso con un cucchiaio di legno.

4. Aggiungete i pomodori pelati, che avrete privato dei semi, e continuate la cottura per altri 40 minuti circa (per abbreviare i tempi è bene mettere il farro in ammollo).

5. Aggiustate di sale, unite l'olio extravergine, un pizzico di peperoncino e servite la minestra calda cospargendola con pecorino grattugiato a piacere.

estate

Insalata di farro al sedano

Preparazione: **15'**	Cottura: **60'**
Difficoltà: **media**	Costo: **basso**
	vegetariano, senza uova

Ingredienti per 4 persone:

240 g di farro,
6 gambi di sedano,
1/2 spicchio di aglio,
2 cucchiai di noci sgusciate,
400 g di pomodorini ciliegini,
1 cucchiaio di olio extravergine d'oliva,
prezzemolo, basilico, scaglie di grana,
olive snocciolate e pistacchi freschi spezzettati q.b.

1. Lessate il farro in abbondante acqua salata (per abbreviare i tempi mettetelo prima in ammollo), poi scolatelo al dente e lasciatelo riposare.

2. Frullate metà del sedano, che avrete già pulito e lavato, insieme al grana, l'aglio e le noci; aggiungete anche sale e olio quanto basta per ottenere una salsa morbida ma non troppo liquida.

3. Tagliate a cubetti gli altri gambi di sedano, lavate bene i pomodorini e tagliateli a metà.

4. Condite il farro con la salsa di sedano, aggiungete i pomodorini e il sedano a cubetti e, a piacere, anche scaglie di grana: mettete il tutto in frigorifero.

5. Prima di servire decorate l'insalata con le olive nere snocciolate, i pistacchi freschi, foglioline di prezzemolo e di basilico.

L'avena

L'avena è una pianta annuale che cresce in quasi tutti i climi: il frutto è un chicco, cioè una cariosside, dalla forma affusolata, protetta dalle "glume" che devono essere eliminate prima dell'uso.
I cinesi conoscevano l'avena "monda" già 3.000 anni fa e anche i romani e altri popoli dell'antichità la mangiavano. Nei paesi nordici, a colazione, si serve il "porridge", una pappa fatta con fiocchi o farina d'avena, cotta molto lentamente. L'avena è ricca di proteine, grassi e fibre, oltre che di sali minerali e vitamine B1, B2 e PP; se viene fatta germogliare aumenta il contenuto del complesso vitaminico B. È il cereale preferito nella Zona naturale perché contiene betaglucani, fibre solubili capaci di ridurre il picco glicemico conseguente all'assunzione di cibi contenenti carboidrati (pag. 29) e di abbassare anche la quantità di colesterolo nel sangue, probabilmente perché una minor secrezione di insulina diminuisce la sintesi di colesterolo nel fegato. L'avena può essere utilizzata in chicchi, fiocchi o come farina che, leggermente tostata, è ottima per polpette vegetali e minestre. I chicchi vanno puliti e lavati accuratamente: si consiglia di sciacquarli in acqua fredda, rinnovata sino a quando diventa limpida e priva di scorie. Dopo qualche ora di ammollo, si può cuocere l'avena in acqua bollente (circa tre volte il volume dei chicchi) per circa 50 minuti. La farina, miscelata a quella di frumento (da sola non sarebbe in grado di lievitare perché povera di glutine) è alla base della preparazione di un tipo particolare di pane, oppure di focacce e biscotti. I fiocchi che si ottengono dalla decorticazione del chicco, che viene successivamente tostato e cotto a vapore, sono ricchi di ferro e fosforo e possono essere utilizzati per colazioni o spuntini come porridge o müesli, biscotti e zuppe, oppure consumati crudi, dopo essere stati tostati e resi morbidi immergendoli in latte, yogurt, acqua o tè.

tutte le stagioni

Porridge

Preparazione: **5'**	Cottura: **35'**
Difficoltà: **media**	Costo: **basso**
	vegetariano, senza uova

Ingredienti per 4 persone:
150 g di fiocchi di avena,
200 g di prugne secche snocciolate,
100 g di latte parzialmente scremato (o di latte di soia o di yogurt),
acqua q.b.

1. Portate a ebollizione circa 1 litro di acqua in una pentola e versatevi poi i fiocchi, mescolando dolcemente; fate cuocere per circa 20 minuti a fuoco molto basso, sino a quando si sarà formata una "pappa" densa. Aggiungete le prugne snocciolate e un poco di sale.

2. Versate il tutto in una zuppiera, unite latte, oppure latte di soia o yogurt.

tutte le stagioni

Torta alle mele e ai fiocchi d'avena

Preparazione: **5'**	Cottura: **60'**
Difficoltà: **media**	Costo: **basso**

vegetariano, senza uova e latticini

Ingredienti per 8 persone:

300 g di fiocchi d'avena,
1 litro di acqua,
2 mele,
la buccia di 1 arancia biologica,
100 g di uvetta passa, 100 g di pinoli,
1 cucchiaio di olio extravergine d'oliva,
farina integrale di frumento
(o pangrattato integrale) e cannella q.b.

1. Cuocete i fiocchi d'avena a fuoco molto lento nell'acqua per una decina di minuti. Unite poi la buccia d'arancia grattugiata, le mele sbucciate e affettate, l'uvetta precedentemente lavata e lasciata in ammollo in acqua tiepida. Aggiungete anche i pinoli, la cannella e un pizzico di sale e, eventualmente, altri fiocchi in modo da dare all'impasto la giusta consistenza.

2. Versate il tutto in una teglia da forno unta di olio e infarinata leggermente, oppure cosparsa di pangrattato.

3. Lasciate riposare per almeno 30 minuti e, nel frattempo, scaldate il forno, nel quale cuocerete l'impasto per circa 45 minuti a 180 °C, sino a quando la torta sarà dorata. Se, passato questo tempo, risultasse ancora troppo morbida, fate cuocere per altri 10 minuti.

tutte le stagioni

Zuppa di verdure e fiocchi d'avena

Preparazione: **5'**	Cottura: **45'**
Difficoltà: **bassa**	Costo: **basso**

vegetariano, senza uova

Ingredienti per 4 persone:

280 g di fiocchi d'avena,
1 cipolla,
300 g di verdure (zucchine, carote, peperoni),
120 g di parmigiano grattugiato,
1 cucchiaio di olio extravergine d'oliva,
300 g di salsa di pomodoro,
peperoncino ed erbe aromatiche q.b.

1. Mettete in ammollo i fiocchi d'avena per un paio d'ore in 1/2 litro di acqua, poi cuoceteli a fuoco molto lento per circa 20 minuti.

2. Affettate la cipolla e le altre verdure; fate imbiondire la cipolla con un po' di olio in una padella antiaderente, poi aggiungete le altre verdure.

3. Fate cuocere a fuoco lento con coperchio per circa 15 minuti, dopodiché aggiungete la salsa di pomodoro e poi acqua, in modo da ottenere un composto morbido.

4. Cuocete ancora per altri 10 minuti circa, poi unite al tutto i fiocchi d'avena, mescolate, aggiungete il parmigiano grattugiato e servite la zuppa calda.

autunno

Zuppa d'avena ai funghi

Preparazione: **10'**	Cottura: **25'**
Difficoltà: **bassa**	Costo: **basso**
	vegetariano, senza uova

Ingredienti per 4 persone:

100 g di farina d'avena,
1 cucchiaio di olio extravergine d'oliva,
2 spicchi di aglio,
200 g di pane integrale,
50 g di funghi freschi (o secchi),
20 g di pecorino (o parmigiano grattugiato).

1. In un tegame fate soffriggere gli spicchi di aglio con 1 cucchiaio di olio fino a che saranno dorati. Aggiungete i funghi freschi tagliati a cubetti oppure quelli secchi che avrete precedentemente ammorbiditi nell'acqua.

2. Dopo qualche minuto versate il tutto in una pentola insieme alla farina d'avena e a 1/2 litro di acqua: salate, portate a ebollizione e fate bollire per 20 minuti circa.

3. Versate il tutto in una zuppiera, unite pecorino o parmigiano grattugiato e servite la zuppa accompagnata da fette di pane integrali.

primavera

Avena e carciofi

Preparazione: **15'**	Cottura: **50'**
Difficoltà: **bassa**	Costo: **basso**
	vegetariano, senza uova e latticini

Ingredienti per 4 persone:

200 g d'avena in chicchi,
4 carciofi (280 g circa),
1 spicchio d'aglio,
1 cucchiaio di miso,
1 cucchiaio di prezzemolo tritato,
1 cucchiaio di olio extravergine d'oliva,
acqua q.b.

1. Lavate l'avena, lasciatela a bagno per qualche ora, poi cuocetela in acqua bollente per circa 50 minuti.

2. Mentre l'avena cuoce, preparate i carciofi: dopo averli puliti, privati delle foglie più esterne e affettati (attenzione alle spine!), metteteli in un tegame con poco olio, l'aglio schiacciato e aggiungete un po' d'acqua.

3. Fate cuocere i carciofi a fuoco lento, fino a quando l'acqua si sarà asciugata e saranno diventati teneri.

4. Togliete la pentola dal fuoco e aggiungete una salsa preparata amalgamando il miso con poca acqua tiepida.

5. Aggiungete l'avena cotta, mettete in un piatto da portata e cospargete il tutto con prezzemolo tritato e, eventualmente, con un goccio di olio crudo. Servite tiepido.

L'orzo

Anche questo cereale ha origini remote: proviene forse dall'Asia occidentale o dall'Africa nordorientale ed è conosciuto da oltre 12.000 anni: arrivò in Europa prima del grano e, attualmente, è coltivato in quasi tutti i paesi del mondo. Ha un elevato potere nutrizionale, alta digeribilità, efficace azione mineralizzante, grazie all'equilibrato rapporto fra calcio e fosforo, e blanda azione sedativa, grazie al silicio. L'orzo è indicato nella prevenzione delle affezioni polmonari e cardiovascolari, svolge azione disintossicante ed emolliente per i disturbi dell'apparato digerente e delle vie urinarie, è rinfrescante e leggermente lassativo. È raccomandato alle donne che allattano, ai bambini, agli anziani e ai convalescenti. In cucina si usa soprattutto l'orzo duro, con un buon contenuto di proteine, mentre quello tenero, più ricco di amido e meno proteico, è adatto alla preparazione del malto per la birra e il whisky. L'orzo integrale è ricco di fibre e conserva le sostanze presenti nel germe e negli strati esterni del chicco di cui è invece privo l'orzo perlato, che è sottoposto al trattamento di brillatura come il riso. Un'ottima scelta è costituita dall'orzo decorticato, che subisce una parziale eliminazione della buccia, conservando tuttavia buone caratteristiche nutrizionali.

tutte le stagioni

Orzo ed erbette

Preparazione: **15'**	Cottura: **1h+10'**
Difficoltà: **bassa**	Costo: **basso**
	senza uova

Ingredienti per 4 persone:

300 g di orzo perlato,
800 g di erbette,
1/2 cipolla,
3 cucchiai di olio extravergine d'oliva,
50 g di parmigiano,
50 g di speck magro,
1 pomodoro maturo.
Per il brodo: 1 cipolla,
1 gambo di sedano,
1 carota,
1 zucchina,
prezzemolo q.b.

1. Lavate le erbette e tuffatele in 1 litro di acqua salata che avrete già fatto bollire. Scolatele, conservando l'acqua di cottura, e mettetele da parte.

2. Per il brodo vegetale: mettete in una pentola, la cipolla, il sedano, la carota e la zucchina, lavati e tagliati a pezzetti, aggiungete l'acqua di cottura delle erbette, salate e fate bollire per circa mezz'ora.

3. In una casseruola soffriggete la 1/2 cipolla finemente tritata con l'olio, il pomodoro e lo speck tagliato a dadini, quindi unite l'orzo e fatelo rosolare mescolando finché diventerà bruno: a questo punto versatevi a poco a poco il brodo, mescolando in continuazione.

4. Fate cuocere per circa 40 minuti e servite dopo aver cosparso di parmigiano e di prezzemolo tritato.

Variante: *al posto dell'orzo perlato, l'orzo mondo, ma i tempi di cottura si allungheranno.*

tutte le stagioni

Orzo e gamberetti

Preparazione: **15'**	Cottura: **60'**
Difficoltà: **media**	Costo: **medio**
	senza uova e latticini

Ingredienti per 4 persone:

240 g di orzo perlato,
500 g di code di gambero sgusciate,
2 litri di brodo vegetale,
1 carota,
1/2 cipolla,
1 gambo di sedano,
1 cucchiaino di olio extravergine d'oliva,
1/2 bicchiere di vino bianco secco,
1 rametto di finocchietto,
pepe q.b.

1. Pulite le carote, le cipolle e il sedano e tagliate tutte le verdure a pezzettini.

2. Lavate accuratamente l'orzo sotto l'acqua, mettetelo in una pentola con il brodo, aggiungete le verdure preparate in precedenza e cuocete per circa 1 ora.

3. Rosolate a fiamma vivace con poco olio le code di gambero tagliate a pezzetti, poi unitele all'orzo e alle verdure.

4. Salate, pepate, unite il finocchietto spezzettato e bagnate con il vino bianco che farete evaporare.

5. Togliete il tutto dal fuoco e lasciate riposare prima di servire.

tutte le stagioni

Petto di tacchino con l'orzo

Preparazione: **5'**	Cottura: **50'**
Difficoltà: **bassa**	Costo: **basso**
	senza uova e latticini

Ingredienti per 4 persone:

240 g di orzo perlato,
460 g di petto di tacchino,
150 g di cipolle,
1 cucchiaio di olio extravergine d'oliva,
1/2 bicchiere di vino bianco,
brodo vegetale e pepe q.b.

1. Mettete l'olio in una padella e fatevi soffriggere le cipolle tagliate finemente; aggiungete l'orzo lavato e un po' d'acqua.

2. Unite 1/2 bicchiere di vino bianco, che farete evaporare, quindi lasciate cuocere per circa 40 minuti, aggiungendo ogni tanto un po' di brodo vegetale.

3. Tagliate a piccoli pezzi il tacchino e aggiungetelo quando la cottura dell'orzo è quasi ultimata.

4. Salate e, a piacere, pepate. Lasciate sul fuoco ancora qualche minuto per far evaporare il liquido.

5. Servite con un contorno di verdura cotta al vapore.

La pasta

La Zona naturale non condivide pienamente la scelta di "mettere al bando" la pasta, considerata dal dott. Sears cibo stimolante la secrezione insulinica. In realtà, osservando una tabella degli "Indici glicemici", scopriamo che la pasta si colloca nella fascia medio-bassa (indice tra 38 e 44 a seconda dei tempi di cottura) in posizione più favorevole rispetto al pane bianco o integrale.
La pasta integrale ha un indice glicemico ancora più basso, pari a 32. La pasta, inoltre, non viene mai mangiata da sola, ma condita con grassi (ad esempio: aglio, olio, peperoncino) o proteine (ragù): il condimento, oltre a diminuire l'indice glicemico, completa il contenuto di aminoacidi, in particolare quello di lisina di cui la pasta è carente. Anche la semplice aggiunta di circa 10 g (1 cucchiaio) di parmigiano grattugiato, porta a un consistente miglioramento del contenuto proteico globale.

tutte le stagioni

Pasta alle verdure

Preparazione: **15'**	Cottura: **15'**
Difficoltà: **bassa**	Costo: **basso**
	vegetariano, senza uova

Ingredienti per 4 persone:

200 g di pasta integrale,
500 g di zucchine
(o altre verdure di stagione),
1 cipolla,
2 spicchi di aglio,
1 cucchiaio di olio extravergine d'oliva,
foglie di menta fresca e parmigiano
(o pecorino grattugiato) q.b.

1. Lavate e asciugate le zucchine e tagliatele a sottili fettine rotonde.

2. Affettate la cipolla e fatela imbiondire in un tegame con l'aglio schiacciato e poco olio.

3. Dopo qualche minuto, aggiungete le zucchine e fate cuocere a fuoco lento, con il tegame coperto. A metà cottura unite le foglioline di menta.

4. Cuocete la pasta e, a cottura ultimata, scolatela e mescolatela alle verdure.

5. Lasciate sul fuoco ancora per qualche istante il tegame con le zucchine e la pasta, mettete il tutto in una zuppiera e, prima di servire, spolverate con parmigiano grattugiato.

Variante: *in alternativa, potete preparare un sugo di verdure "a freddo" tagliando a cubetti cipolle, carote, sedano, pomodori e/o altre verdure che userete per condire la pasta, insieme a un cucchiaio di olio extravergine d'oliva.*

autunno inverno

Pasta con broccoletti e ricotta

Preparazione: **5'**	Cottura: **20'**
Difficoltà: **bassa**	Costo: **basso**
	vegetariano, senza uova

Ingredienti per 4 persone:

160 g di pasta integrale,
500 g di broccoletti,
320 g di ricotta fresca,
1/2 cipolla,
1 cucchiaio di olio extravergine d'oliva.

1. Pulite i broccoletti e cuoceteli insieme alla pasta in acqua salata.

2. Nel frattempo, rosolate la cipolla tritata nell'olio senza farla colorare e, in una ciotola, schiacciate con la forchetta la ricotta aggiungendo un cucchiaio di acqua di cottura dei broccoletti. Mescolate il tutto delicatamente in modo da ottenere una crema omogenea.

3. Scolate la pasta e i broccoletti al dente e unitevi la crema di ricotta e le cipolle rosolate, mescolando con cura e aggiungendo a piacere, prima di servire, parmigiano grattugiato.

tutte le stagioni

Pasta agli aromi

Preparazione: **5'**	Cottura: **10'**
Difficoltà: **bassa**	Costo: **basso**
	vegetariano, senza uova

Ingredienti per 4 persone:

300 g di pasta integrale,
15 g di parmigiano grattugiato,
1 cucchiaio di olio extravergine d'oliva,
1 spicchio di aglio,
20 g di pinoli,
rosmarino, salvia e origano tritati q.b.

1. Fate cuocere la pasta al dente in abbondante acqua salata.

2. Lavate bene tutte le erbe aromatiche e tritatele insieme all'aglio.

3. Mettete le erbe tritate in una zuppiera insieme all'olio, ai pinoli e al parmigiano, aggiungete la pasta, mescolate bene e, se necessario, aggiungete un cucchiaio di acqua di cottura.

estate

Spaghetti al kiwi

Preparazione: **15'**	Cottura: **10'**
Difficoltà: **bassa**	Costo: **basso**
	vegetariano, senza uova

Ingredienti per 4 persone:

160 g di spaghetti integrali,
1 limone biologico,
200 g di kiwi (2)
160 g di yogurt,
formaggio grana (facoltativo) q.b.

1. Sbucciate un kiwi e tagliate la polpa a dadini. Centrifugate il secondo kiwi, in modo da ricavarne il succo.

2. Mettete in un tegame lo yogurt con una parte della buccia di limone grattugiata e i dadini di kiwi, mescolate delicatamente e lasciate cuocere a fiamma dolce fino a quando la salsa si è ben addensata. A fine cottura, unite il succo dell'altro kiwi.

3. Nel frattempo lessate gli spaghetti in abbondante acqua salata, scolateli al dente e conditeli con la salsa.

4. Potete servite gli spaghetti dopo averli cosparsi di formaggio grana grattugiato.

autunno

Eliche scampi e noci

Preparazione: **15'**	Cottura: **15'**
Difficoltà: **bassa**	Costo: **alto**
	senza uova e latticini

Ingredienti per 4 persone:

200 g di eliche integrali,
6 scampi già puliti,
20 g di noci sbriciolate,
350 g di pomodorini,
1 cucchiaio di olio extravergine d'oliva,
1 bicchierino di vino bianco secco,
pepe e basilico q.b.

1. Tagliate quattro scampi a pezzettini, lasciandone due interi.

2. Scaldate in un tegame 1/2 cucchiaio di olio extravergine e fatevi rosolare i crostacei e le noci a fuoco vivo. Salate e, a piacere, pepate, bagnate con il vino e lasciate evaporare. Fate sbollentare i due scampi lasciati interi.

3. Pulite e lavate i pomodorini, schiacciateli leggermente con una forchetta e aggiungeteli agli scampi; cuoceteli per 2 minuti, poi spegnete il fuoco.

4. Nel frattempo tritate il basilico e fate cuocere le eliche al dente in abbondante acqua salata; scolatele, conditele con il restante olio extravergine, con il sugo e con il basilico.

5. Guarnite con gli scampi che avevate sbollentato e servite.

tutte le stagioni

Spaghetti all'alloro e cipolla

Preparazione: **5'**	Cottura: **10'**
Difficoltà: **bassa**	Costo: **basso**

vegetariano, senza uova

Ingredienti per 4 persone:

200 g di spaghetti integrali,
400 g di pomodori ciliegini,
2 cipolle,
3 foglie di alloro,
1 pezzettino di cannella,
50 g di parmigiano
(o pecorino grattugiato),
1 cucchiaio di olio extravergine d'oliva.

1. Pulite le cipolle, tagliatele a fettine sottilissime, quindi fatele appassire con 1/2 cucchiaio di olio in un tegame.

2. Aggiungete un goccio d'acqua, l'alloro, la cannella e i pomodorini e cuocete il tutto per circa 10 minuti.

3. Nel frattempo fate cuocere gli spaghetti in abbondante acqua salata, scolateli al dente, conditeli con il sugo, il parmigiano e l'olio rimasto.

tutte le stagioni

Spaghetti all'avocado

Preparazione: **15'**	Cottura: **20'**
Difficoltà: **bassa**	Costo: **basso**

vegetariano, senza uova e latticini

Ingredienti per 4 persone:

150 g di avocadi maturi,
1 limone,
1/2 spicchio di aglio,
200 g di spaghetti integrali,
acqua q.b.

1. Sbucciate gli avocadi, tagliateli a pezzettini e metteteli nel frullatore.

2. Spremete il succo del limone, unitelo all'avocado, aggiungete aglio, sale, un cucchiaio di acqua e frullate il tutto.

3. Portate a ebollizione l'acqua, buttate gli spaghetti e fateli cuocere al dente.

4. Scolate la pasta e conditela con la salsa preparata in precedenza.

Il bulgur
Il bulgur, molto diffuso in Medio Oriente, è formato da chicchi di frumento (grano duro) cotti a vapore e fatti seccare che vengono macinati e ridotti in piccoli pezzetti. Le sue caratteristiche nutrizionali sono simili a quelle del frumento integrale: ha un buon potere saziante e un indice glicemico non troppo elevato, grazie al buon contenuto di fibre. Il bulgur è ricco anche di vitamine del gruppo B e di sali minerali, in particolare fosforo e potassio. Esistono diverse forme di bulgur, a seconda della grandezza dei pezzi: quelli più grandi sono utilizzati per preparare minestre, quelli più fini per insalate. È necessario un ammollo in acqua di 20-30 minuti e, come per altri cereali integrali, la cottura in una quantità di acqua pari circa al doppio del suo volume per 15-20 minuti e un periodo di riposo di una decina di minuti nell'acqua di cottura per permettere un'ulteriore crescita del volume.

estate

Bulgur al pesto

Preparazione: **30'**	Cottura: **–**
Difficoltà: **bassa**	Costo: **basso**

vegetariano, senza uova

Ingredienti per 4 persone:
200 g di bulgur,
1/2 litro di acqua,
1 cucchiaio di olio extravergine d'oliva,
2 cucchiaini di pinoli,
2 spicchi di aglio,
2 cucchiaini di parmigiano (o grana grattugiato),
40 g di formaggio caprino light,
aglio, foglie di basilico e rametti di prezzemolo q.b.

1. Mettete a bagno il bulgur per circa mezz'ora.

2. Fate bollire l'acqua, mettetevi il bulgur e fatelo cuocere per circa 15-20 minuti; lasciatelo riposare una decina di minuti nell'acqua di cottura, scolatelo, fatelo raffreddare e tenetelo da parte in una terrina.

3. Intanto preparate il pesto: fate tostare i pinoli in un padellino a secco finché saranno leggermente dorati.

4. Sbucciate l'aglio e tritatelo a pezzettini, lavate e asciugate il prezzemolo e il basilico e staccatene le foglioline.

5. Mettete nel mixer le foglie di basilico e di prezzemolo, l'aglio, i pinoli, l'olio e un pizzico di sale, aggiungete i formaggi e frullate; condite il bulgur con il pesto ottenuto.

estate

Insalata di pomodorini e bulgur

Preparazione: **40'**	Cottura: **–**
Difficoltà: **bassa**	Costo: **basso**

vegetariano, senza uova e latticini

Ingredienti per 4 persone:

200 g di bulgur,
500 g di pomodorini,
1 cipolla rossa,
1 limone,
1 cucchiaino di olio extravergine d'oliva,
foglioline di basilico q.b.

1. Mettete a bagno per circa mezz'ora il bulgur, dopo averlo sciacquato sotto abbondante acqua.

2. Fate bollire 1/2 litro d'acqua e cuocetevi il bulgur per 20-25 minuti.

3. Scolatelo, strizzatelo con le mani, mettetelo in una ciotola con 1 cucchiaio di olio, la cipolla tagliata a cubetti piccolissimi, i pomodorini tagliati in quattro parti, le foglioline di basilico e il succo di 1/2 limone; salate e mescolate bene il tutto.

4. Tagliate la restante metà del limone a fettine sottili e usatelo per guarnire l'insalata che farete riposare in frigo per una mezz'oretta prima di servire.

tutte le stagioni

Minestra di verdure e bulgur

Preparazione: **5'**	Cottura: **30'**
Difficoltà: **bassa**	Costo: **basso**

vegetariano, senza uova e latticini

Ingredienti per 4 persone:

1 tazza di bulgur a pezzi "grandi",
1 cipolla,
1 carota,
1 gambo di sedano,
1 cucchiaio di prezzemolo tritato,
1/2 litro di acqua,
1 cucchiaino di tamari,
1 cucchiaino di olio extravergine d'oliva.

1. Mettete a bagno il bulgur per circa mezz'ora.

2. Fate bollire l'acqua con 1/2 cucchiaino di tamari e cuocetevi il bulgur per 20-25 minuti a fiamma bassa e a pentola coperta. Scolatelo e lasciatelo riposare.

3. Nel frattempo tagliate la cipolla a pezzettini, la carota a dadini e il sedano a fette diagonali. In una padella scaldate l'olio d'oliva, mettetevi la cipolla e fatela rosolare per pochi minuti, poi aggiungete il sedano, la carota e 1/2 cucchiaino di tamari.

4. Cuocete per 5-10 minuti e aggiungete il bulgur cotto precedentemente, cospargete con prezzemolo tritato e servite.

Il seitan
Il seitan si ricava dal glutine, cioè dalla parte proteica del grano.
Viene cotto e insaporito in acqua con salsa di soia (shoyu o tamari), alga kombu e sale. È ideale per chi sceglie un'alimentazione vegetariana e anche per chi adotta la Zona naturale perché non apporta molte calorie (120 per 100 g di prodotto) e ha, inoltre, un indice glicemico non troppo elevato. Contiene molte proteine, il 18%, e pochi grassi, l'1,5%. Assomiglia alla carne, ma ha un sapore più delicato e una consistenza più morbida. Può essere prodotto in casa o acquistato già pronto. Si gusta al naturale, oppure alla piastra, a cubetti, affettato come antipasto, affumicato, aromatizzato; si può cucinare in tantissimi modi e in tempi brevi poiché è praticamente già cotto.

tutte le stagioni

Seitan in umido

Preparazione: **10'**	Cottura: **25'**
Difficoltà: **bassa**	Costo: **basso**

vegetariano, senza uova e latticini

Ingredienti per 4 persone:
250 g di seitan,
2 carote,
2 cipolle,
1 spicchio di aglio,
4 cucchiai di olio extravergine d'oliva,
100 g di piselli già sgranati,
100 g di cavolfiore (o verza),
100 g di porri,
1 costa di sedano,
100 g di zucchine,
salvia q.b.

1. Lavate le verdure, tagliate a pezzetti le carote, il cavolfiore, il sedano, le zucchine e i porri, quindi metteteli, insieme ai piselli, in una pentola a pressione, oppure in una pentola a fondo spesso con due dita d'acqua, 2 cucchiai di olio d'oliva e poco sale; lasciate cuocere a lungo a fuoco lento.

2. Nel frattempo tagliate anche il seitan a dadini.

3. Rosolate nell'olio bollente l'aglio, le cipolle tritate e la salvia per qualche minuto, aggiungete il seitan a dadini, cuocete per 10 minuti, poi unite le verdure, mescolate bene e servite caldo.

tutte le stagioni

Seitan con olive nere

Preparazione: **15'**	Cottura: **15'**
Difficoltà: **bassa**	Costo: **basso**

vegetariano, senza uova e latticini

Ingredienti per 4 persone:

500 g di seitan,
20 olive nere già snocciolate,
1 cucchiaio di olio extravergine d'oliva,
rosmarino q.b.

1. Fate marinare per circa 15 minuti il seitan in un bagno di olio d'oliva e rosmarino.

2. Avvolgete il seitan con carta stagnola insieme alle olive, accartocciatelo e scaldate il tutto in forno ben caldo per 15 minuti.

3. Servite caldo direttamente nel cartoccio.

tutte le stagioni

Cotoletta di seitan

Preparazione: **5'**	Cottura: **10'**
Difficoltà: **bassa**	Costo: **basso**

vegetariano, senza uova e latticini

Ingredienti per 4 persone:

500 g di seitan,
1/2 cipolla,
100 g di passata di pomodoro,
1 cucchiaino di olio extravergine d'oliva.

1. Pulite e tagliate a fettine sottilissime la cipolla, fatela dorare in una padella con l'olio extravergine d'oliva, quindi aggiungete il seitan tagliato a fettine.

2. Unite la passata di pomodoro e lasciate restringere il sugo, girando le fettine di seitan per farle rosolare bene.

3. Consumatele calde, accompagnate da insalata fresca.

LEGUMI

I fagioli

Sono i legumi più conosciuti e più utilizzati nell'alimentazione, soprattutto nelle regioni settentrionali. Si sono diffusi in Europa dopo la scoperta dell'America: solo i fagioli con l'occhio (Dolichos), di origine mediterranea, erano coltivati in epoca romana. Ne esistono oltre 300 varietà, una sessantina delle quali commestibili: bianchi, rossi, neri, variegati, piccoli, grandi, tondi, allungati. Il loro contenuto proteico medio varia da 6,5%, nei fagioli freschi, a 23,5%, in quelli secchi. Tutte le varietà sono ricche di vitamina B1, in parte distrutta dalla cottura, di vitamina B2 e di niacina, oltre che di calcio, potassio e ferro.

tutte le stagioni

Pasta integrale e fagioli

Preparazione: **25'**	Cottura: **1h**
Difficoltà: **media**	Costo: **basso**

vegetariano, senza uova

Ingredienti per 4 persone:

200 g di farina integrale,
320 g di fagioli cannellini secchi,
300 g di pomodori maturi,
1 cipolla, 1 gambo di sedano,
1 spicchio di aglio,
1 peperoncino piccante,
2 cucchiaini di olio extravergine d'oliva,
100 g di formaggio grana grattugiato,
origano e acqua tiepida q.b.

1. Mettete a bagno i fagioli in acqua fredda per 8-10 ore.

2. Preparate la pasta: disponete la farina a fontana, versate al centro un po' d'acqua tiepida e un pizzico di sale e impastate con la punta delle dita fino a ottenere un impasto morbido.

3. Lasciate riposare l'impasto per circa 1 ora in una terrina leggermente unta di olio e coperta da uno strofinaccio. Nel frattempo fate lessare i fagioli per circa 40 minuti.

4. Trascorso il tempo di riposo, riprendete l'impasto e tirate una sfoglia sottile con il mattarello infarinato, quindi, con una rotellina dentata, ritagliate dei rombi non troppo grandi e disponeteli su uno strofinaccio pulito e infarinato in modo che non si appiccichino.

5. Tritate il sedano, la cipolla e l'aglio e mettete il tutto in una pentola (capace di contenere la minestra) con l'origano e 1 cucchiaio di olio: rosolate il tutto.

6. Unite i pomodori privati dei semi e tagliati a pezzi e lasciate cuocere per una decina di minuti.

7. Quando i fagioli saranno cotti, passatene una parte e versateli nella pentola della minestra. Fate bollire.

8. Aggiungete la pasta preparata precedentemente e fate cuocere per pochi minuti. Servite con aggiunta di grana grattugiato.

tutte le stagioni

Zuppa di fagioli

Preparazione: **20'**	Cottura: **1h+30'**
Difficoltà: **media**	Costo: **basso**

*vegetariano,
senza uova e glutine*

Ingredienti per 4 persone:

1 gambo di sedano,
100 g di fagioli secchi,
100 g di fagioli di soia
1 cipolla,
300 g di erbette,
1 cucchiaio di olio extravergine d'oliva,
200 g di fagiolini verdi,
200 g di verza,
50 g di formaggio grana grattugiato (o parmigiano reggiano),
250 g di carote,
250 g di porri,
250 g di zucchine,
250 g di pomodori pelati freschi (o in scatola),
2 foglie di alloro,
acqua, brodo vegetale e prezzemolo q.b.

1. Mettete a mollo i fagioli secchi e i fagioli di soia in acqua tiepida per un'intera notte. Scolateli e fateli cuocere in acqua fredda non salata per circa 50 minuti.

2. Nel frattempo tagliate a dadini sedano, carote e zucchine; a pezzi i pomodori. Lavate il prezzemolo e tritatelo fine; tritate anche la cipolla. Lavate con cura i fagiolini e i porri: togliete le punte ai primi e tagliate a pezzetti i secondi.

3. Mettete sul fuoco in una pentola la cipolla, il prezzemolo e le foglie di alloro, aggiungete un poco di brodo vegetale.

4. Dopo pochi minuti, appena la cipolla appassisce, unite il sedano, le carote, le zucchine, i porri e i fagiolini e fate rosolare per qualche minuto.

5. Abbassate la fiamma, ricoprite le verdure con acqua e continuate a scaldare fino a ebollizione, dopo aver coperto la pentola.

6. Dopo circa mezz'ora aggiungete la verza e le erbette tagliate a listarelle.

7. Aggiungete quindi i fagioli cotti e i pomodori, fate cuocere ancora per qualche minuto, mescolate e salate il tutto.

8. Servite il minestrone caldo, aggiungendo l'olio e grana padano, o il parmigiano reggiano.

Nota: *se volete, circa 15 minuti prima di servire potete unire riso o pasta e continuare la cottura mantenendoli al dente.*

I ceci

I ceci, uno dei primi alimenti consumati dall'uomo, appartengono alla specie *Cicer arietinum*: il loro nome deriva parola latina "aries", ariete, che richiama la forma del seme. Sono particolarmente diffusi nel Medio Oriente e in India, da cui provengono. Contengono proteine in quantità leggermente inferiore rispetto alle lenticchie e ai fagioli, ma sono più ricchi in grassi, quindi più energetici e anche più gustosi e morbidi. Sono indicati per zuppe e minestre o come contorni.

autunno

Zuppa di ceci

Preparazione: **5'**	Cottura: **40'**
Difficoltà: **bassa**	Costo: **basso**

vegetariano,
senza uova e glutine

Ingredienti per 4 persone:

300 g di ceci,
400 g di bietole,
30 g di pecorino grattugiato,
1/2 cucchiaio di olio extravergine d'oliva,
peperoncino e semi di finocchio q.b.

1. Mettete a mollo i ceci la sera prima, quindi scolateli e cuoceteli in abbondante acqua: a tre quarti circa di cottura aggiungete le foglie di bietola tagliate a pezzetti.

2. A fine cottura salate, unite i semi di finocchio e, a piacere, il peperoncino.

3. Prima di servire aggiungete il pecorino e l'olio crudo, mescolando bene.

tutte le stagioni

Ceci in polpetta

Preparazione: **15'**	Cottura: **–**
Difficoltà: **bassa**	Costo: **basso**

senza uova
e glutine

Ingredienti per 4 persone:

250 g di ceci già lessati e scolati (oppure in scatola),
100 g di prosciutto crudo magro,
100 g di parmigiano reggiano grattugiato,
1 cucchiaino di olio extravergine d'oliva,
pomodorini di Pachino, foglioline di menta e pepe q.b.

1. Scolate i ceci, lavateli, passateli al setaccio o riduceteli in purè con il minipimer. Tritate il prosciutto.

2. Mescolate insieme i ceci, il prosciutto e il parmigiano, aggiungete l'olio, il sale e, a piacere, il pepe.

3. Formate delle polpettine, fatele riposare per qualche ora in frigorifero e servitele guarnite con foglioline di menta e pomodorini di Pachino.

Le fave

Le fave sono ricche di proteine, fosforo, potassio, calcio, vitamine A e C. Contengono anche fibre, utili per regolare le funzioni intestinali e per controllare i livelli di glucosio e di colesterolo nel sangue. Alcune persone soffrono di una patologia ereditaria chiamata "favismo", non producono cioè un enzima necessario a neutralizzare gli effetti nocivi di alcune sostanze presenti nelle fave, quindi non devono mangiarle perché potrebbero andare incontro a gravi crisi emolitiche.
Possono essere consumate crude o cotte. Il seme è racchiuso da una pellicina, che può essere eliminata per renderle più digeribili. La cottura richiede che vengano bollite in abbondante acqua salata per 40-50 minuti circa. Se si utilizzano le fave secche, bisogna lasciarle a bagno in acqua fresca per 12 ore.

primavera

Insalata con le fave

Preparazione: **20'**	Cottura: **–**
Difficoltà: **bassa**	Costo: **basso**

vegetariano,
senza latticini e glutine

Ingredienti per 4 persone:

400 g di rucola e lattuga mista,
450 g di fave fresche sgusciate,
1 cucchiaino di olio extravergine d'oliva,
2 albumi d'uovo già cotti,
2 limoni, 1 costa di sedano,
basilico q.b.

1. Lavate e sgocciolate lattuga e rucola, pulite a tagliate il sedano a pezzi piccoli e mettete il tutto in un'insalatiera con le fave e gli albumi tagliati a dadini.

2. Frullate per circa 1 minuto un cucchiaio di olio extravergine, il succo dei limoni, un mazzetto di basilico lavato e un pizzico di sale fino a ottenere una salsa omogenea: condite con la salsa l'insalata che servirete fredda.

primavera

Zuppa di fave

Preparazione: **10'**	Cottura: **1h**
Difficoltà: **bassa**	Costo: **basso**

vegetariano,
senza uova e latticini

Ingredienti per 4 persone:

800 g di fave fresche,
1 cipolla, 2 pomodori maturi,
1 cucchiaio di olio extravergine d'oliva,
4 crostini integrali.

1. Sgranate le fave, pulite e lavate la cipolla e tritatela finemente.

2. Scaldate l'olio in una pentola, aggiungete il trito di cipolla, mescolate e fate appassire per circa 1 minuto. Unite le fave, i pomodori pelati e spezzettati e l'acqua bollente, salate e cuocete fino a ottenere una zuppa densa.

3. Tostate in forno i crostini, metteteli nei piatti fondi e versatevi sopra la zuppa. Servitela calda.

Le lenticchie

Tutti ricordano il celebre episodio della Bibbia in cui Esaù cedette al fratello Giacobbe il diritto di primogenitura per un piatto di lenticchie, testimonianza delle origini remote di questo legume, ricco di proteine (25%) e di glucidi, oltre che di fosforo, calcio, potassio, ferro e niacina. Esistono varietà a semi grandi (6-9 mm), di colore giallo o verde, coltivate soprattutto nelle Americhe, e a semi più piccoli (2-6 mm), arancioni, rossi o marroni, coltivate nel Mediterraneo, in Medio Oriente e in India.

Le lenticchie cuociono in tempi brevi e, a differenza degli altri legumi, non richiedono periodi di ammollo; sono adatte per preparare zuppe o contorni.

primavera

Lenticchie con orzo e porri

Preparazione: **10'**	Cottura: **1h+30'**
Difficoltà: **bassa**	Costo: **basso**

vegetariano, senza uova e latticini

Ingredienti per 4 persone:

250 g di orzo perlato,
250 g di lenticchie,
3 porri,
1 cucchiaio di olio extravergine d'oliva,
1 cipolla,
1 carota,
salvia q.b.

1. Fate cuocere l'orzo per circa 20 minuti in una quantità di acqua salata pari al doppio del suo volume, quindi scolatelo e lasciatelo riposare.

2. Pulite le lenticchie, lavatele, quindi fatele lessare insieme alla carota tagliata a rondelle, alla cipolla tritata, alle foglioline di salvia e a un poco di sale; dopo circa tre quarti d'ora scolatele.

3. Pulite e lavate bene i porri, tagliateli a strisce sottili e metteteli in una padella insieme a 1 cucchiaio di olio e 2-3 foglie di salvia; fateli cuocere per circa 10 minuti, aggiungete le lenticchie e l'orzo e fate insaporire per altri 5 minuti.

autunno inverno

Lenticchie e baccalà

Preparazione: **10'**	Cottura: **1h**
Difficoltà: **media**	Costo: **basso**

senza uova, latticini e glutine

Ingredienti per 4 persone:

240 g di lenticchie,
1 carota,
1 cipolla,
1 scalogno,
1 costa di sedano,
1 mazzetto di aromi (prezzemolo, timo, alloro, salvia, rosmarino),
500 g di baccalà ammollato tagliato a pezzetti,
500 g di cime di rapa,
1/2 bicchiere di vino bianco,
1 cucchiaio di olio extravergine d'oliva,
2 cucchiai di prezzemolo e basilico tritati,
peperoncino q.b.

1. Pulite, lavate e tritate finemente sedano, carota, cipolla e scalogno.

2. Pulite le lenticchie da eventuali impurità, lavatele, mettetele in una casseruola con tutti gli aromi e copritele con acqua. Portate a bollore e cuocetele per circa 30 minuti; salate e fate cuocere per altri 15 minuti, quindi toglietele dal fuoco e scolatele.

3. Fate appassire in una padella metà delle verdure tritate con 1/2 cucchiaio di olio; unite le lenticchie e fatele saltare per pochi minuti.

4. Sbollentate per pochi minuti le cime di rapa in poca acqua leggermente salata; scolatele. Mettete da parte anche 1/2 bicchiere di acqua di cottura.

5. In una padella dai bordi alti fate rosolare il resto delle verdure tritate con l'olio restante; aggiungete il baccalà e bagnate con il vino bianco che farete evaporare.

6. Fate cuocere per circa 2 minuti, quindi unite le lenticchie e l'acqua di cottura delle cime di rapa.

7. Aggiungete sale, eventualmente anche un pizzico di peperoncino e, poco prima di togliere dal fuoco, unite il prezzemolo e il basilico tritati.

8. Servite caldo, aggiungendo eventualmente qualche goccia di olio crudo.

La soia

La soia si differenzia dagli altri legumi perché è ricca di proteine (circa il 37%) contenenti aminoacidi essenziali, in quantità simile a quella delle proteine animali, e di lipidi (il 18% circa); mentre i glucidi rappresentano il 23% circa. Questo mix di nutrienti la rende particolarmente adatta alla dieta a Zona. I semi contengono calcio, potassio, ferro e zinco, nonché vitamina B1 e niacina. Tra i derivati della soia vi sono le salse fermentate: lo shoyu, formato da soia gialla e frumento, il tamari, di origine cinese, dal sapore di carne molto salata, il tao-you, dalla soia nera, il miso, molto usato in Giappone, ottimo sostituto del dado da brodo. Altri derivati sono il latte, ottenuto dai semi pressati, e il tofu (formaggio di soia), costituito da un coagulo, simile alla cagliata del formaggio: entrambi sono privi di colesterolo. La farina di soia è ricca di proteine e si può trovare integrale o sgrassata; per cucinare torte o dolci "in Zona" si consiglia di sostituire il 30% della farina bianca con farina di soia. Sostanze preziosissime presenti nella soia sono: la lecitina, una complessa molecola formata da acidi grassi omega-3 (pag. 34 e seguenti) uniti alla colina e ai fitoestrogeni, veri e propri "ormoni vegetali".

estate

Torta di verdure al tofu

Preparazione: **15'**	Cottura: **1h**
Difficoltà: **bassa**	Costo: **basso**

vegetariano, senza uova e latticini

Ingredienti per 4 persone:

800 g di tofu, 1 kg e 1/2 di zucchine, 500 g di carote, 300 g di melanzane, 1 spicchio di aglio, curry q.b.

1. Pulite e lavate le verdure, cuocetele a vapore e tagliatele a pezzettini.

2. Frullate il tofu con l'aglio. Versate nel frullatore le verdure con un pizzico di curry e frullatele con il tofu.

3. Versate il composto in una teglia da forno antiaderente a bordi alti e infornate a 180 °C per circa 45 minuti.

tutte le stagioni

Fettine di tofu impanate

Preparazione: **15'**	Cottura: **20'**
Difficoltà: **bassa**	Costo: **basso**

vegetariano, senza latticini

Ingredienti per 4 persone:

520 g di tofu, 1 uovo intero e 1 albume, 1 cucchiaino di olio extravergine d'oliva, farina di soia q.b.

1. Sbattete l'uovo intero e l'albume con un pizzico di sale, poi aggiungete la farina di soia in modo da ottenere una pastella morbida. Tagliate a fettine il tofu e passatele nella pastella.

2. Scaldate l'olio (non troppo, non deve arrivare al punto di fumo) e friggetevi le fette di tofu impanate.

estate

Fettine di soia bianche e rosse

Preparazione: **15'**	Cottura: **20'**
Difficoltà: **bassa**	Costo: **basso**

vegetariano, senza uova e latticini

Ingredienti per 4 persone:

4 bistecche di soia,
100 g di tofu,
1 cucchiaio di olio extravergine d'oliva,
1 cipolla,
1 gambo di sedano,
100 g di pomodorini,
salvia, rosmarino e alloro q.b.

1. Fate bollire 1/2 litro di acqua salata, immergetevi le bistecche di soia per i minuti indicati nella confezione, poi sgocciolatele e strizzatele.

2. Mettete in padella l'olio, la cipolla tagliata a fettine sottili, il sedano tritato, fate rosolare, poi aggiungetevi le bistecche con alloro, rosmarino e salvia e fatele cuocere.

3. Tagliate il tofu a fettine, lavate i pomodorini e tagliateli in quattro.

4. Poco prima della fine della cottura, disponete su ogni bistecca 2-3 pezzetti di pomodoro e una fettina di tofu e terminate la cottura a padella coperta.

5. Servite caldo, appena il tofu sarà sciolto.

autunno

Germogli di soia in insalata

Preparazione: **20'**	Cottura: **–**
Difficoltà: **bassa**	Costo: **basso**

vegetariano, senza uova, latticini e glutine

Ingredienti per 1 persona:

300 g di germogli di soia,
1 mela e mezza,
3 g di mandorle sgusciate,
4 g di gherigli di noci,
10 g di olive verdi snocciolate,
prezzemolo tritato, succo di limone e aceto di mele q.b.

1. Sbucciate la mela, privatela del torsolo e tagliatela a cubetti.

2. Lavate accuratamente i germogli di soia, sgocciolateli, uniteli alla mela e mescolate bene; aggiungete il succo di limone, metà dei gherigli di noci tritati, le mandorle tritate e le olive spezzettate: mescolate nuovamente.

3. Preparate il condimento amalgamando bene 1 cucchiaio di aceto, il prezzemolo tritato e il sale.

4. Condite l'insalata e servitela guarnita con dei ciuffetti di prezzemolo e i gherigli di noce rimasti.

tutte le stagioni

Fusilli con germogli di soia

Preparazione: **15'**	Cottura: **15'**
Difficoltà: **bassa**	Costo: **basso**

senza uova e latticini

Ingredienti per 4 persone:

200 g di fusilli (o altra pasta corta) integrali,
200 g di gamberetti freschi (o surgelati),
100 g di germogli di soia,
1 cucchiaio di olio extravergine d'oliva,
peperoncino q.b.

1. Lessate la pasta in abbondante acqua salata.

2. Nel frattempo fate scottare per qualche minuto, in acqua bollente, i gamberetti puliti e lavati, poi fateli saltare velocemente in una padella con l'olio.

3. Aggiungete i germogli di soia e, a piacere, il peperoncino.

4. Scolate la pasta al dente, versatela nella padella insieme ai germogli e ai gamberetti, mescolate bene, fate insaporire per circa 5 minuti e servite.

estate

Spaghetti di soia alle verdure

Preparazione: **15'**	Cottura: **15'**
Difficoltà: **bassa**	Costo: **basso**

senza uova e latticini

Ingredienti per 4 persone:

100 g di spaghetti di soia,
400 g di code di gamberi,
2 zucchine,
1 peperone rosso,
1 cipolla di Tropea,
1 cucchiaio di olio extravergine d'oliva,
peperoncino piccante e tamari q.b.

1. Fate bollire in una pentola 2 litri circa di acqua non salata, aggiungete gli spaghetti di soia, mescolate, coprite e fate cuocere per 5 minuti; scolate.

2. Soffriggete dolcemente in una padella la cipolla tritata con il peperoncino con l'olio extravergine.

3. Aggiungete il peperone rosso e le zucchine tagliate a pezzettini, coprite e fate cuocere a fuoco vivo. Dopo 5 minuti circa aggiungete le code di gamberi già sgusciate e fatele rosolare qualche altro minuto rigirandole bene.

4. Unite gli spaghetti di soia, mescolate con cura il tutto, versate in una zuppiera e, prima di servire, aggiungete un cucchiaino di tamari e mescolate.

tutte le stagioni

Spiedini di salmone al tofu

Preparazione: **10'**	Cottura: **15'**
Difficoltà: **bassa**	Costo: **basso**

senza uova e latticini

Ingredienti per 4 persone:

1 peperone verde,
6 pomodorini,
4 cipolle medie,
250 g di tofu,
300 g di funghi,
300 g di tonno,
200 g di salmone,
1 cucchiaio di olio extravergine d'oliva,
lattuga e radicchio q.b.

1. Tagliate il tonno e il salmone a cubetti. Fate lo stesso con il tofu.

2. Tagliate il peperone a pezzi, lavate i funghi e tagliate la cappella in due.

3. Tagliate i pomodorini e le cipolle a pezzi grossi.

4. Infilate su sei spiedini le verdure, il pesce e il tofu alternandoli.

5. Metteteli gli spiedini in forno dopo averli cosparsi con un filo di olio extravergine d'oliva. Serviteli in un letto di foglie di lattuga e di radicchio.

estate

Verdure farcite al tofu

Preparazione: **15'**	Cottura: **30'**
Difficoltà: **bassa**	Costo: **basso**

vegetariano, senza uova

Ingredienti per 4 persone:

250 g di tofu,
50 g di formaggio grattugiato,
6 zucchine,
3 pomodori tagliati a pezzetti,
1 cipolla tagliata fine,
1 spicchio di aglio,
erbe aromatiche q.b.

1. Lavate bene le zucchine, dividetele in due per il lungo e svuotatele togliendo la polpa centrale.

2. Cuocete per 10 minuti in una padella i pomodori a pezzi e la cipolla insieme alla polpa di zucchina, mescolate il tutto con il tofu sbriciolato, quindi aggiungete l'aglio tritato, le erbe aromatiche e un po' di sale.

3. Farcite le zucchine svuotate con il composto ottenuto, cospargetele di formaggio grattugiato e cuocetele in forno per 20 minuti a 220 °C.

Variante: *invece delle zucchine, potete usare melanzane o peperoni.*

autunno

Cavolo al tofu

Preparazione: **5'**	Cottura: **35-40'**
Difficoltà: **bassa**	Costo: **basso**

vegetariano,
senza uova e latticini

Ingredienti per 4 persone:

1 cavolo cappuccio,
250 g di tofu,
200 g di carote grattugiate,
2 cipolle,
100 g di funghi freschi,
1 cucchiaio di olio extravergine d'oliva,
erbe aromatiche q.b.

1. Pulite e tagliate a pezzetti i funghi e le cipolle, fateli cuocere in una padella con 1 cucchiaio di olio extravergine d'oliva a fuoco lento per 5 minuti.

2. Aggiungete le carote e il tofu sbriciolato, unite le erbe aromatiche, salate e lasciate cuocere per altri 10 minuti.

3. Nel frattempo lavate e separate le foglie del cavolo e fatele cuocere in una casseruola per 5 minuti. Quando sono pronte, riempite ogni foglia con il composto di tofu e funghi.

4. Fate gratinare in forno a 220 °C per circa 20 minuti.

estate

Insalata tricolore

Preparazione: **15'**	Cottura: **–**
Difficoltà: **bassa**	Costo: **basso**

vegetariano,
senza uova, latticini e glutine

Ingredienti per 4 persone:

320 g di germogli di soia,
200 g di radicchio rosso,
180 g di pomodorini di Pachino,
140 g di sedano,
20 g di olive verdi snocciolate,
1 cucchiaio di olio extravergine d'oliva,
succo di limone q.b.

1. Pulite e lavate bene il radicchio, scolatelo, asciugatelo bene, poi tagliatelo a pezzetti e mettetelo in un'insalatiera.

2. Pulite e lavate anche il sedano, eliminate le parti più dure ed eventuali filamenti, tagliatelo a pezzettini e unitelo al radicchio.

3. Lavate bene i germogli, sgocciolateli e metteteli insieme a sedano e radicchio. Aggiungete i pomodorini, lavati e tagliati in quattro, e le olive spezzettate.

4. Condite con poco olio extravergine d'oliva e succo di limone.

UOVA

tutte le stagioni

Frittata di albumi al formaggio

Preparazione: **15'**	Cottura: **10'**
Difficoltà: **bassa**	Costo: **basso**

vegetariano

Ingredienti per 1 persona:

2 albumi,
20 g di emmental grattugiato,
10 g di parmigiano grattugiato,
foglioline di basilico e prezzemolo q.b.

1. Sbattete gli albumi con i formaggi grattugiati e unite un pizzico di sale, aggiungete poi il prezzemolo e il basilico, precedentemente tritati, e mescolate con cura.

2. Mettete sul fuoco una piccola padella antiaderente e versatevi il composto.

3. Fate rapprendere la frittata da un lato a fuoco vivo, poi giratela aiutandovi con un piatto grande o un coperchio.

4. Fate cuocere bene l'altro lato e servite calda con crostini integrali.

tutte le stagioni

Palline di ricotta e albumi

Preparazione: **10'**	Cottura: **10'**
Difficoltà: **bassa**	Costo: **basso**

vegetariano

Ingredienti per 1 persona:

120 g di ricotta,
1 albume,
20 g di parmigiano grattugiato,
noce moscata, farina integrale
e pangrattato q.b.

1. Amalgamate la ricotta con il bianco d'uovo e il parmigiano grattugiato.

2. Aggiungete il sale, la noce moscata e un pizzico di farina quanto basta per ottenere un impasto abbastanza consistente.

3. Date all'impasto la forma di palline, , arrotolatele nel pangrattato e mettetele in forno a 120 °C per 10 minuti, quindi toglietele e fatele raffreddare.

4. Servitele accompagnate da verdure cotte o crude.

estate

Frittata colorata

Preparazione: **10'**	Cottura: **35'**
Difficoltà: **bassa**	Costo: **basso**

vegetariano, senza latticini e glutine

Ingredienti per 4 persone:

2 uova intere e 4 albumi,
2 cipolle,
1 spicchio d'aglio,
8 pomodori maturi,
3 peperoni rossi e 3 verdi,
20 g di olive nere snocciolate,
paprica e prezzemolo q.b.

1. Tritate finemente le cipolle, pelate i pomodori e tagliateli a pezzi dopo aver tolto i semi. Pulite i peperoni, togliete i piccioli, divideteli a metà, eliminate i semi e tagliateli a striscioline.

2. Unite pomodori e peperoni alla cipolla e all'aglio, aggiungete un pizzico di paprica e fate cuocere per 15 minuti in una pentola antiaderente.

3. Unite le olive nere tagliate a metà e fate cuocere per altri 5 minuti, poi togliete dal fuoco.

4. Sbattete le uova e gli albumi in una terrina, unite le verdure e una manciata di prezzemolo tritato.

5. Mettete una padella antiaderente sul fuoco e versatevi il composto di uova, fate rapprendere e poi rivoltate la frittata con l'aiuto di un piatto, fatela dorare e servitela calda.

tutte le stagioni

Frittata di tonno

Preparazione: **10'**	Cottura: **15'**
Difficoltà: **bassa**	Costo: **basso**

senza latticini e glutine

Ingredienti per 4 persone:

2 uova intere e 4 albumi,
120 g di tonno al naturale,
2 scalogni,
2 cucchiai di olio extravergine d'oliva.

1. Sbattete le uova e gli albumi in una terrina.

2. In un tegame fate rosolare gli scalogni tritati con 1 cucchiaio di olio, unite il tonno e fate insaporire 5-6 minuti a fuoco vivo.

3. Unite il tonno alle uova sbattute e mescolate bene.

4. Mettete sul fuoco una padella antiaderente con 1 cucchiaio di olio: quando sarà caldo versatevi il composto.

5. Quando le uova iniziano a rapprendersi, scuotete la padella per staccare la frittata dal fondo, poi rivoltatela con l'aiuto di un piatto o di un coperchio delle stesse dimensioni della frittata.

6. Servitela calda.

CARNI

tutte le stagioni

Coniglio al vino bianco

Preparazione: **15'**	Cottura: **1h**
Difficoltà: **bassa**	Costo: **basso**

senza uova, latticini e glutine

Ingredienti per 4 persone:

560 g circa di coniglio già a pezzi,
80 g di sedano,
80 g di carota,
80 g di cipolla,
1 cucchiaio di olio extravergine d'oliva,
vino bianco secco e rosmarino q.b.

1. Lavate i pezzi di coniglio in acqua corrente e asciugateli.

2. Preparate un trito fine con il sedano, la carota, la cipolla e il rosmarino e fatelo appassire in un tegame con l'olio: aggiungete i pezzi di carne e lasciateli rosolare a tegame scoperto.

3. Fate cuocere lentamente, bagnando di tanto in tanto con il vino. A fine cottura aggiungete a piacere sale.

tutte le stagioni

Coniglio agli aromi

Preparazione: **15'**	Cottura: **1h**
Difficoltà: **bassa**	Costo: **basso**

senza uova, latticini e glutine

Ingredienti per 4 persone:

540 g di coniglio già a pezzi,
1 cipolla,
20 g di pinoli,
20 g di mandorle,
1 spicchio d'aglio,
1/2 bicchiere di vino bianco,
1 cucchiaio di olio extravergine d'oliva,
prezzemolo, rosmarino, origano e capperi q.b.

1. Tritate con la mezzaluna l'aglio, la cipolla, il prezzemolo, l'origano, i capperi.

2. Tritate con il mixer mandorle e pinoli.

3. Unite i due triti in un piatto grande e fatevi passare i pezzi di coniglio in modo da ricoprirli completamente.

4. Fate rosolare i pezzi di coniglio in un tegame con l'olio, aggiungendo il trito rimasto sul piatto.

5. Fate cuocere lentamente bagnando di tanto in tanto con il vino.

tutte le stagioni

Coniglio marinato

Preparazione: **10'**	Cottura: **1h+15'**
Difficoltà: **bassa**	Costo: **basso**

senza uova e latticini

Ingredienti per 4 persone:

600 g di coniglio,
2 bicchieri di vino bianco secco,
2 bicchieri di aceto balsamico (o alle erbe),
2 cucchiai di olio extravergine d'oliva,
1 tazza di brodo vegetale,
2 spicchi di aglio,
1 rametto di rosmarino,
6 bacche di ginepro.

1. Tagliate il coniglio a pezzetti, lavatelo, asciugatelo, mettetelo in una pirofila con vino, aceto, aglio e rosmarino. Coprite e lasciate marinare in frigorifero per un intero giorno.

2. Estraete il coniglio dalla marinata e fatelo asciugare.

3. In una grande casseruola mettete l'olio, aggiungete i pezzi di coniglio, poi unite le bacche di ginepro e rosolate finché avrà preso un bel colore dorato.

4. Aggiungete una tazza di brodo, salate e proseguite la cottura con la casseruola coperta e a fiamma bassa per circa 1 ora.

5. Quando il coniglio è tenero, toglietelo dalla casseruola, eliminate le bacche, fate restringere il sugo di cottura, filtratelo e versatelo sopra il coniglio.

tutte le stagioni

Faraona ai funghi

Preparazione: **15'**	Cottura: **1h+20'**
Difficoltà: **media**	Costo: **basso**

senza uova e latticini

Ingredienti per 4 persone:

1 faraona (circa 700 g),
250 g di cipolle novelle,
10 g di olio extravergine d'oliva,
250 g di funghi porcini freschi (o 25 g di secchi),
farina e vino bianco q.b.

1. Pulite la faraona, fiammeggiatela, lavatela e tagliatela a pezzi.

2. Tritate le cipolle, versate il trito in una casseruola con l'olio e fate soffriggere per alcuni minuti.

3. Aggiungete i pezzi di faraona leggermente infarinati e fateli rosolare rigirandoli con un cucchiaio di legno.

4. Bagnate con il vino, salate, mescolate e fate cuocere per circa 1 ora a fuoco moderato; a cottura ultimata, mettete da parte i pezzi di faraona in un piatto.

5. Passate al setaccio il sugo di cottura, rimettetelo sul fuoco, aggiungete i funghi lavati e tagliati a pezzettini (in mancanza di funghi freschi potete utilizzare funghi secchi messi a bagno e strizzati).

6. Dopo circa 20 minuti rimettete nel sugo i pezzi di faraona. Servite tiepido.

tutte le stagioni

Fettine di petto di pollo impanate ai funghi

Preparazione: **10'**	Cottura: **5'**
Difficoltà: **bassa**	Costo: **basso**
	senza latticini

Ingredienti per 4 persone:

400 g di petti di pollo,
1 uovo e 1 albume,
10 g di funghi secchi,
2 cucchiai di olio extravergine d'oliva,
pangrattato q.b.

1. Tagliate i funghi a pezzetti e tritateli con il mixer fino a ridurli in una polvere sottile che metterete in un piatto e mescolerete al pangrattato.

2. Per evitare di rompere le fibre della carne, mettete le fette di pollo tra 2 fogli di carta da forno e battetele con un pestacarne.

3. Sbattete l'uovo e l'albume in una ciotola, immergetevi le fettine di pollo, quindi scolatele una per volta e passatele nel composto di pangrattato e funghi.

4. Scaldate in una larga padella 2 cucchiai di olio e friggete le fettine a fiamma media circa 3 minuti per ogni lato. Appena sono pronte, scolatele e passatele sulla carta assorbente per eliminare l'olio in eccesso.

5. Servitele calde, accompagnate da insalata verde o da verdure cotte a vapore.

tutte le stagioni

Petti di pollo allo yogurt

Preparazione: **5'**	Cottura: **15'**
Difficoltà: **bassa**	Costo: **basso**
	senza uova

Ingredienti per 4 persone:

440 g di petti di pollo (o di tacchino) a fettine,
1 vasetto di yogurt,
2 cucchiai di aceto di mele,
1 cucchiaio di olio extravergine d'oliva,
1 bicchierino di vino bianco secco,
farina integrale di frumento.

1. Passate i petti nella farina. Cospargete il fondo di una padella con dell'olio e rosolateli; salate, versate il bicchierino di vino bianco e fatelo evaporare.

2. Aggiungere l'aceto di mele, mescolate e fate cuocere i filetti.

3. Togliete i filetti dalla padella, disponeteli su un piatto da portata e contemporaneamente aggiungete lo yogurt al fondo di cottura; fate addensare la salsa a fuoco basso fino a ottenere una consistenza cremosa.

4. Versate la salsa di cottura sui petti e serviteli caldi.

tutte le stagioni

Polpette di pollo

Preparazione: **15'**	Cottura: **40'**
Difficoltà: **bassa**	Costo: **basso**

Ingredienti per 4 persone:

500 g di carne macinata di pollo (o di tacchino),
1 cucchiaio di pangrattato,
2 cucchiai di grana grattugiato,
2 cucchiai di latte, 1 albume d'uovo,
1 cucchiaio di concentrato di pomodoro,
1 cipolla,
1 cucchiaio di olio extravergine d'oliva,
prezzemolo e noce moscata q.b.

1. Affettate la cipolla e tritate finemente il prezzemolo.

2. Mettete in una terrina la carne, il pangrattato, il grana, l'albume, il prezzemolo, il latte, un poco di noce moscata e il sale e amalgamate il tutto con una forchetta; con l'impasto formate delle palline e poi appiattitele leggermente.

3. Fate rosolare in una padella con l'olio la cipolla tagliata a fettine, quindi aggiungetevi le polpette.

4. Diluite il concentrato di pomodoro in una tazzina con poca acqua calda e versatelo sulle polpette; coprite e lasciate cuocere per circa mezz'ora, rigirandole ogni tanto.

Variante: *al posto del concentrato potete utilizzare passato di pomodori freschi.*

tutte le stagioni

Filetto di tacchino all'aceto balsamico

Preparazione: **5'**	Cottura: **10'**
Difficoltà: **bassa**	Costo: **medio**

senza uova e latticini

Ingredienti per 4 persone:

560 g di filetto di tacchino tagliato a fette,
2 spicchi di aglio,
1 rametto di rosmarino,
1/2 bicchiere di aceto balsamico,
1 cucchiaio di olio extravergine d'oliva,
pepe q.b.

1. Fate rosolare in una padella larga l'aglio e il rosmarino nell'olio extravergine d'oliva; toglieteli, mettete nella padella i filetti di tacchino, dopo averli salati e pepati, e fateli dorate da entrambi i lati.

2. Togliete i filetti e fateli riposare su un piatto da portata. Aggiungete al fondo di cottura l'aceto balsamico, fate scaldare a fuoco vivo e mescolate bene.

3. Rimettete i filetti nella pentola finendo la cottura e serviteli coprendoli con la salsa.

tutte le stagioni

Ossibuchi di tacchino gremolade

Preparazione: **10'**	Cottura: **20'**
Difficoltà: **bassa**	Costo: **medio**
	senza uova e latticini

Ingredienti per 4 persone:

4 ossibuchi di tacchino, 1 carota,
1 gambo di sedano, 1 spicchio di aglio,
4 pomodori maturi, 1 cipolla,
la scorza di 1 limone e di 1 un'arancia biologici,
1 dado vegetale,
200 g di riso, 1 bustina di zafferano,
2 cucchiai di olio extravergine d'oliva,
1 bicchiere di vino bianco,
1 litro di brodo vegetale,
farina bianca e rosmarino q.b.

1. Tritate cipolla, aglio, sedano e friggete il tutto in una padella con 2 cucchiai di olio. Infarinate gli ossibuchi, uniteli alle verdure, versatevi 1/2 bicchiere di vino bianco e fate evaporare.

2. Aggiungete i pomodori pelati e il dado, coprite con un coperchio e fate cuocere per 1 ora circa a fuoco moderato.

3. Per il risotto: soffriggete la cipolla in 1 cucchiaio di olio, versate il riso, fate dorare, aggiungete il vino rimasto, lasciatelo evaporare, unite man mano il brodo e, a fine cottura, lo zafferano.

4. Preparate la gremolade tritando insieme le scorze grattugiate degli agrumi e il rosmarino. Disponete in ogni piatto il riso a corona e gli ossibuchi al centro, ricoperti con la gremolade.

tutte le stagioni

Agnello al curry

Preparazione: **10'**	Cottura: **1h+35'**
Difficoltà: **bassa**	Costo: **medio**
	senza uova e latticini

Ingredienti per 4 persone:

500 g di agnello magro a pezzi,
1 cipolla,
2 cucchiaini di curry,
1 cucchiaio di olio extravergine d'oliva,
pepe, timo e prezzemolo q.b.

1. Pulite, lavate, tritate finemente la cipolla, fatela ammorbidire in padella con l'olio senza farle prendere colore.

2. Aggiungete l'agnello, fatelo insaporire, salatelo e pepatelo.

3. Bagnate il tutto con un mestolo abbondante di acqua calda in cui avrete sciolto il curry, aggiungete il timo e il prezzemolo legati in un mazzetto.

4. Cuocete a fuoco basso per circa 1 ora e mezza, aggiungendo, se necessario, altra acqua.

tutte le stagioni

Spezzatino di vitello

Preparazione: **10'**	Cottura: **1h+35'**
Difficoltà: **bassa**	Costo: **medio**

senza uova, latticini e glutine

Ingredienti per 4 persone:

560 g di vitello a pezzi,
1 kg circa di pomodori San Marzano maturi (o 2 scatole di pomodori pelati),
1 bicchiere di vino bianco,
1 cucchiaio di olio extravergine d'oliva,
cipolla e basilico q.b.

1. Fate rosolare in padella il vitello con l'olio, poi bagnatelo con il vino bianco e fatelo evaporare.

2. Aggiungete i pomodori maturi, dopo averli lavati, scottati e pelati, oppure i pomodori in scatola.

3. Fate cuocere per circa 1 ora, quindi aggiungete un trito di cipolla e basilico e continuate la cottura per altri 30 minuti. Se necessario aggiungete un poco di acqua.

4. Servite lo spezzatino ricoperto con il sugo.

estate

Quaglie ripiene

Preparazione: **20'**	Cottura: **30'**
Difficoltà: **bassa**	Costo: **medio-alto**

senza uova e latticini

Ingredienti per 4 persone:

4 quaglie già pulite,
1 fetta spessa di speck,
4 fette di prosciutto San Daniele,
2 tazze di brodo vegetale,
1 cucchiaio di olio extravergine d'oliva,
bacche di ginepro e farina q.b.

1. Lavate con cura le quaglie, salatele e mettetele su un panno a riposare.

2. Tagliate a pezzettini lo speck e mettetelo dentro le quaglie aggiungendo in ognuna una bacca di ginepro.

3. Avvolgete le fette di prosciutto San Daniele intorno a ogni quaglia in senso longitudinale fermandole con uno stecchino.

4. Mettete le quaglie in un tegame insieme a 1 cucchiaio di olio extravergine d'oliva e ponete il tutto in forno caldo: cuocete per mezz'ora, bagnando spesso con il brodo.

5. Aggiungete un poco di farina al fondo di cottura, in modo che si addensi, mettete le quaglie in un piatto da portata e versatevi sopra il fondo di cottura.

Carni alternative: struzzo, lumache e rane (a chi piacciono)
La carne di struzzo fornisce 105 kcal per 100 grammi, è rossa, ma magra e tenera. Ha un buon contenuto di ferro e di proteine e contiene grassi in quantità inferiore rispetto alle altre carni rosse. Minima è anche la presenza di colesterolo e sodio: per questi motivi è adatta alla dieta a Zona.
Le lumache possono essere inserite facilmente nella Zona perché contengono poche calorie (67 kcal per 100 grammi). Le carni sono tenere; assenti i carboidrati, scarsi i grassi (1,7%), il contenuto proteico (12,9%) è analogo a quello del pesce. La convinzione che le lumache siano difficili da digerire non ha fondamento, tuttavia le salse e gli intingoli che vengono abitualmente aggiunti nelle diverse ricette possono appesantirle.
Come le lumache, le rane apportano poche calorie (64 kcal per 100 grammi), accompagnate da abbondanti proteine (15,5 %) e pochi grassi (0,02%). Contengono anche calcio (20 mg) e fosforo (430 mg), oltre a piccole quantità di vitamine del gruppo B.

tutte le stagioni

Filetto di struzzo con radicchio

Preparazione: **5'**	Cottura: **15'**
Difficoltà: **bassa**	Costo: **medio**

senza uova latticini

Ingredienti per 4 persone:
420 g di filetto di struzzo,
500 g di radicchio,
100 g di speck,
aceto balsamico di Modena q.b.

1. In una pirofila mettete le fettine di filetto di struzzo e ricopritele con fettine di speck e con foglie di radicchio.

2. Fate cuocere in forno a 200 °C per circa 15 minuti.

3. Prima di servire spruzzate con aceto balsamico di Modena.

tutte le stagioni

Struzzo con carote e cipolle

Preparazione: **5'**	Cottura: **25'**
Difficoltà: **bassa**	Costo: **medio**

senza uova, latticini e glutine

Ingredienti per 4 persone:
640 g di polpa di struzzo, 4 cipolle,
2 carote medie, 1 gambo di sedano,
1 cucchiaio di olio extravergine d'oliva,
peperoncino q.b.

1. Tagliate a listarelle la carne. Pulite le verdure, quindi tagliate le carote a rondelle, le cipolle e il sedano a pezzetti.

2. Scaldate l'olio in una padella e soffriggetevi le verdure; cuocete per 10 minuti a fuoco lento, poi aggiungete la carne di struzzo, salate e unite, a piacere, il peperoncino. Mescolate bene e cuocete ancora un quarto d'ora circa.

tutte le stagioni

Lumache in umido

Preparazione: **10'**	Cottura: **15'**
Difficoltà: **bassa**	Costo: **medio**

senza uova e latticini

Ingredienti per 4 persone:

25 lumache già cotte,
400 g di pomodori pelati,
1 cipolla, 1 scalogno,
2 spicchi di aglio, 1 carota,
75 g di vino bianco secco,
1 cucchiaio di olio extravergine d'oliva,
1-2 cucchiai di farina,
prezzemolo, foglie di alloro,
brodo vegetale, uvetta e pinoli q.b.

1. Pulite e lavate le verdure, tagliate a rondelle le carote, tritate insieme il prezzemolo, l'aglio, la cipolla e lo scalogno.

2. Preparate le lumache già cotte: salatele, irroratele con erbe aromatiche e infarinatele con poca farina bianca.

3. Mettete le lumache in un tegame di terracotta con l'olio, aggiungete le carote, il trito di cipolle, lo scalogno, l'aglio e qualche foglia di alloro; rosolate bene il tutto, aggiungete il vino bianco e lasciatelo evaporare.

4. Unite i pomodori pelati e cuocete per una decina di minuti. Se necessario, aggiungete poco brodo.

5. A cottura ultimata unite, a piacere, uvetta e pinoli.

6. Servire le lumache dopo averle cosparse con prezzemolo tritato.

tutte le stagioni

Lumache ed erbette

Preparazione: **10'**	Cottura: **20'**
Difficoltà: **bassa**	Costo: **medio**

senza uova, latticini e glutine

Ingredienti per 4 persone:

25 lumache già cotte,
1 cipolla,
1 spicchio di aglio,
1 mazzetto di prezzemolo tritato,
200 g di pomodori pelati,
250 g di erbette,
1 cucchiaio di olio extravergine d'oliva.

1. Preparate un battuto di aglio. Pulite e lavate bene la cipolla, tagliatela a fettine sottili e fatela soffriggere con 1 cucchiaio di olio. Aggiungete l'aglio e le lumache già cotte.

2. Unite il prezzemolo e i pomodori pelati, salate e fate insaporire per alcuni minuti.

3. Fate cuocere a parte, con poca acqua o a vapore, le erbette, precedentemente pulite e lavate con cura.

4. Unite le erbette alle lumache, mescolate bene e servite caldo.

tutte le stagioni

Rane al vino bianco

Preparazione: **5'**	Cottura: **12'**
Difficoltà: **bassa**	Costo: **medio**
	senza uova

Ingredienti per 4 persone:

32 cosce di rana,
3 spicchi di scalogno,
2 cucchiai di olio extravergine d'oliva,
1 bicchiere di vino bianco,
2 cucchiai di di yogurt (o panna),
1 cucchiaio di farina,
brodo di pollo, prezzemolo,
pepe q.b.

1. Tritate gli spicchi di scalogno e fateli soffriggere con 2 cucchiai di olio; unitevi le cosce di rana, lasciatele dorare, poi bagnatele col vino, che farete evaporare, e con un poco di brodo di pollo in modo che non attacchino.

2. Salate, pepate (a piacere) e fate cuocere per circa 10 minuti.

3. Togliete le rane, mettetele in un piatto caldo e versate nel fondo di cottura 2 cucchiai di yogurt (o di panna) e 1 di farina. Fate restringere la salsa e versatela sulle cosce di rana.

4. Cospargete con prezzemolo tritato e servite.

tutte le stagioni

Riso e rane

Preparazione: **5'**	Cottura: **25'**
Difficoltà: **bassa**	Costo: **medio**
	senza uova, latticini e glutine

Ingredienti per 4 persone:

320 g di riso per risotti,
12 rane già pulite,
1 litro di brodo di carne,
1 cipolla media,
1 ciuffo di prezzemolo,
1 cucchiaio di olio extravergine d'oliva.

1. Fate scaldare il brodo in una pentola. Nel frattempo affettate la cipolla, lavate e tritate il prezzemolo.

2. Mettere a rosolare l'olio nella pentola in cui cucinerete il risotto insieme alla cipolla.

3. Prima che la cipolla imbiondisca aggiungete le rane ben pulite e lasciatele rosolare per circa 5 minuti.

4. Unite il riso e aggiungetevi il brodo bollente, mescolando in continuazione.

5. Fate cuocere il riso a fuoco moderato, continuando a mescolare e aggiungendo il brodo man mano che viene assorbito, in modo che il riso non diventi troppo secco, ma non "anneghi".

6. Quando il riso sarà quasi cotto aggiungete il prezzemolo. Servitelo caldo.

PESCE E PRODOTTI DELLA PESCA

tutte le stagioni

Trote alle erbe

Preparazione: **10'**	Cottura: **20'**
Difficoltà: **bassa**	Costo: **basso**

senza uova, latticini e glutine

Ingredienti per 4 persone:
4 trote,
2 cucchiai di olio extravergine d'oliva,
origano, salvia, maggiorana, menta,
timo e peperoncino q.b.

1. Aprite le trote e pulitele con cura internamente.

2. Tritate tutte le erbe insieme, aggiungete 1 cucchiaio di olio, sale e un pizzico di peperoncino. Fate riposare un poco questo miscuglio e utilizzatelo per farcire le trote.

3. Mettete le trote farcite in una teglia unta con l'olio rimasto e cuocete in forno a fuoco moderato. Servitele calde.

tutte le stagioni

Trote al tartufo

Preparazione: **10'**	Cottura: **20'**
Difficoltà: **media**	Costo: **alto**

senza uova, latticini e glutine

Ingredienti per 4 persone:
4 trote, 150 g di tartufo nero,
2 filetti di acciuga,
1 cucchiaio di olio extravergine d'oliva,
foglie di alloro q.b.

1. Lessate le trote in acqua leggermente salata con qualche foglia di alloro; pulitele, tagliate la polpa a pezzetti e disponetela in un piatto da portata.

2. Grattugiate il tartufo e unitelo ai filetti di acciuga lavati e tagliati a pezzetti, aggiungete anche 1 cucchiaio di olio extravergine. Coprite con questa salsa le trote e fatele riposare un paio d'ore.

3. Prima di servirle passatele qualche minuto in forno caldo.

autunno

Trote con le noci

Preparazione: **10'**	Cottura: **20'**
Difficoltà: **bassa**	Costo: **medio**
	senza uova e glutine

Ingredienti per 4 persone:

4 trote già pulite (200 g l'una),
20 g di gherigli di noci,
1 bicchiere di vino bianco,
1 cucchiaio di olio extravergine d'oliva,
latte e foglie di salvia q.b.

1. Preriscaldate il forno a 180 °C.

2. Rivestite la placca del forno con l'apposita carta, unta con un poco di olio, e adagiatevi le trote che avrete precedentemente salato e farcito con la salvia; bagnatele con il vino.

3. Sminuzzate i gherigli di noci e fateli saltare in un tegame con 1 cucchiaio di olio.

4. Cospargete il pesce con i gherigli.

5. Infornate le trote per un quarto d'ora circa, ammorbidendole con un goccio di latte.

tutte le stagioni

Trota al sale

Preparazione: **10'**	Cottura: **20'**
Difficoltà: **media**	Costo: **basso**
	senza uova, latticini e glutine

Ingredienti per 4 persone:

2 trote medie già pulite,
3 kg di sale grosso,
1 cucchiaio di olio extravergine d'oliva,
foglie di alloro e fettine di limone q.b.

1. Ricoprite una teglia con carta da forno, mettetevi la metà del sale, adagiatevi le trote, copritele con fettine di limone e foglie di alloro.

2. Coprite il tutto col sale rimasto e infornate a 180 °C; fate cuocere fino a quando la crosta di sale non appare rosata.

3. Ripulite le trote dal sale, conditele con un filo di olio e servitele calde, guarnite con fettine di limone.

tutte le stagioni

Calamari ripieni

Preparazione: **10'**	Cottura: **20'**
Difficoltà: **bassa**	Costo: **medio**
	senza uova e latticini

Ingredienti per 4 persone:

4 calamari di media grandezza (circa 800 g),
1 cucchiaio di olio extravergine d'oliva,
2 filetti di acciuga,
prezzemolo, aglio e pangrattato q.b.

1. Pulite i calamari, levate l'osso, gli occhi, la bocca, lavateli con cura e tagliate i tentacoli.

2. Preparate un composto con il pangrattato, il prezzemolo e l'aglio tritati e i filetti di acciuga sminuzzati: unitevi anche i tentacoli tritati.

3. Riempite i calamari con il ripieno, sistemateli in una teglia in cui avrete versato precedentemente l'olio e cuocete in forno a calore medio per circa 20 minuti.

tutte le stagioni

Gamberi in salsa di soia

Preparazione: **15'**	Cottura: **10'**
Difficoltà: **bassa**	Costo: **medio**
	senza uova e latticini

Ingredienti per 4 persone:

300 g di gamberi già sgusciati e puliti,
2 pomodori,
1 cipollotto verde,
2 spicchi di aglio,
1 cucchiaio di salsa di soia,
1 cucchiaio scarso di maizena,
2 cucchiai di olio extravergine d'oliva,
peperoncino q.b.

1. Lavate tutte le verdure, tagliate a fette il pomodoro e, a pezzetti, il cipollotto (anche la parte verde). Pulite, sbucciate e tritate l'aglio.

2. Mescolate in una ciotola la maizena e la salsa di soia con 1/2 bicchiere d'acqua e tenete il tutto da parte in una ciotola.

3. Scaldate l'olio in una padella antiaderente, fatevi saltare per pochi minuti l'aglio, il cipollotto e i pomodori, mescolando bene, poi unite i gamberi e il peperoncino mescolando velocemente. Quando i gamberi iniziano a cambiare colore (2-3 minuti) aggiungete il contenuto della ciotola, salate e continuate a mescolare.

4. Fate cuocere ancora qualche minuto per far addensare la salsa, quindi togliete dal fuoco e servite.

tutte le stagioni

Carpaccio di salmone (o pesce spada) affumicato

Preparazione: **15'**	Cottura: **–**
Difficoltà: **bassa**	Costo: **medio**

senza uova, latticini e glutine

Ingredienti per 4 persone:

480 g di salmone (o pesce spada) affumicato,
350 g di fagioli in scatola (o freschi),
100 g di rucola,
4 cipolle,
2 limoni,
2 cucchiai di olio extravergine d'oliva.

1. Scolate i fagioli, passateli sotto l'acqua fredda e versateli in un'insalatiera (se usate i fagioli freschi dovete averli prima sgranati e lessati).

2. Pulite la rucola, tagliatela a pezzetti e unitela ai fagioli. Tagliate finemente le cipolle e unitele all'insalata.

3. Preparate una salsa con il succo di un limone spremuto, l'olio, il sale e conditevi l'insalata.

4. Disponete le fette di salmone (o pesce spada) affumicato tutto intorno in un grande piatto da portata: al centro mettete l'insalata e decorate con fettine di limone e foglioline di rucola.

inverno

Trota all'arancia

Preparazione: **10'**	Cottura: **35'**
Difficoltà: **bassa**	Costo: **medio**

senza uova, latticini e glutine

Ingredienti per 4 persone:

1 trota da circa 800 g,
1 cipolla,
1 carota,
1 arancia biologica tagliata a fettine,
alloro, timo e prezzemolo q.b.

1. Lavate e pulite la trota.

2. Mettete in una pentola dell'acqua, il sale, la cipolla, la carota, il timo, l'alloro, il prezzemolo e fate bollire a fuoco basso per circa 20 minuti.

3. Mentre il brodo è in ebollizione unite il pesce e le fettine di mezza arancia.

4. Fate cuocere e, appena la trota sarà pronta, togliete la pentola dal fuoco. Fate riposare qualche minuto il pesce nell'acqua, quindi scolatela e mettetela sul piatto da portata.

5. Decorate con fettine d'arancia e servite.

tutte le stagioni

Palombo ai pinoli

Preparazione: **10'**	Cottura: **20'**
Difficoltà: **media**	Costo: **basso**
	senza uova, latticini e glutine

Ingredienti per 4 persone:

800 g di palombo tagliato a fette,
1 cucchiaio di olio extravergine d'oliva,
80 g di pinoli,
1 spicchio di aglio,
1/2 bicchiere di vino bianco,
prezzemolo q.b.

1. Tostate i pinoli a fuoco basso in un tegame.

2. Levateli e, ancora caldi, pestateli in un mortaio in modo da ridurli a impasto.

3. Mettete il composto in un tegamino con 1/2 cucchiaio di olio e fate scaldare (ma non bollire) mescolando.

4. In un altro tegame fate rosolare un trito di aglio e prezzemolo con poco olio, aggiungete il palombo a fette; doratele da entrambe le parti, irroratele col vino e salatele.

5. Quando le fette del palombo saranno cotte, servitele ricoprendole con il sugo di pinoli.

tutte le stagioni

Merluzzo allo zenzero

Preparazione: **15'**	Cottura: **20'**
Difficoltà: **bassa**	Costo: **basso**
	senza uova, latticini e glutine

Ingredienti per 4 persone:

600 g di filetti di merluzzo già puliti,
600 g di peperoni,
480 g di cipolle,
1 spicchio di aglio,
1 pezzetto di radice di zenzero,
3 cucchiai di aceto,
2 cucchiai di olio extravergine d'oliva,
cannella q.b.

1. Sbucciate le cipolle e affettatele.

2. Pulite i peperoni, togliete la parte centrale, i filamenti bianchi e i semini, lavatelo e tagliatelo a strisce sottili.

3. Mettete le verdure in una padella con l'olio, l'aceto e l'aglio (che poi toglierete), la radice di zenzero grattugiata e la cannella: fate insaporire per 5 minuti.

4. Mettete i filetti di merluzzo sulle verdure, coprite e fate cuocere per circa un quarto d'ora, mescolando dolcemente ogni tanto.

5. A fine cottura trasferite i filetti in un piatto da portata e ricopriteli con le verdure.

tutte le stagioni

Filetti di merluzzo al prezzemolo

Preparazione: **15'**	Cottura: **20'**
Difficoltà: **bassa**	Costo: **medio**

senza uova e latticini

Ingredienti per 4 persone:

400 g di filetti di merluzzo già puliti,
400 g di bietole o di spinaci,
100 g di cicoria, 1 spicchio di aglio,
3 cucchiai di olio extravergine d'oliva,
50 g di pane integrale secco,
1 rametto di prezzemolo.

1. Scaldate 2 cucchiai di olio in una padella, mettete l'aglio, fatelo dorate, poi eliminatelo e immergetevi i filetti di merluzzo; cuocete per 15 minuti, quindi toglieteli, adagiateli su carta assorbente per far assorbire l'olio in eccesso, tagliateli a pezzi e salateli. Mettete da parte la pentola con l'olio di cottura.

2. Lavate bietole e cicoria, scottatele per pochi minuti in acqua salata e scolatele, conservando l'acqua di cottura.

3. Fate cuocere per circa 5 minuti le verdure nell'olio rimasto dopo la cottura del merluzzo: salate, se necessario.

4. Tritate il pane insieme al prezzemolo, all'aglio e a 1 cucchiaino di olio nel minipimer, in modo da ottenere una salsa granulosa dall'intenso colore verde.

5. Disponete le verdure a mucchietti sui piatti caldi, adagiatevi sopra i pezzetti di merluzzo e guarnite con la salsa al prezzemolo.

tutte le stagioni

Orate al vino bianco con verdure

Preparazione: **15'**	Cottura: **20'**
Difficoltà: **media**	Costo: **basso**

senza uova, latticini e glutine

Ingredienti per 4 persone:

4 piccole orate (o 2 grandi),
2 melanzane,
2 peperoni,
4 scalogni,
2 bicchieri di vino bianco secco,
2 cucchiai di olio extravergine d'oliva,
alloro, salvia e rosmarino q.b.

1. Pulite bene le orate e riempitele con l'alloro, la salvia e il rosmarino.

2. Pulite, lavate e tagliare a pezzetti le verdure.

3. Mettete in una grande teglia il pesce e le verdure con un paio di foglie di alloro, condite con l'olio, bagnate con il vino bianco, ponete il tutto in forno caldo (circa 250 °C) e cuocete a fuoco medio per circa 20 minuti.

4. Mettete le orate in un piatto da portata, aggiungete le verdure e condite con il fondo di cottura. Servitele calde.

tutte le stagioni

Zuppa di pesce

Preparazione: **20'**	Cottura: **20'**
Difficoltà: **media**	Costo: **basso**
	senza uova e latticini

Ingredienti per 4 persone:

1 scorfano da 300 g circa,
1 triglia da 300 g,
4 fette di palombo,
1 calamaro da 250 g,
6 polpetti,
150 g di gamberi già puliti (freschi o surgelati),
160 g di vongole,
160 g di cozze,
1 cipolla,
3 spicchi di aglio,
1 mazzetto di prezzemolo,
1 bicchiere di vino bianco secco,
2 cucchiai di olio extravergine d'oliva,
500 g di polpa di pomodoro,
alloro e peperoncino q.b.

1. Pulite lo scorfano, la triglia, il palombo e i polpetti, poi tagliateli a pezzi. Pulite il calamaro e tagliatelo ad anelli.

2. Fate bollire gli scarti dei pesci con poco sale e qualche foglia di alloro, preparate un brodetto che poi filtrerete.

3. Pulite le cozze, sistematele in una padella e, a fuoco basso, fate aprire le valve; scartate quelle che non si aprono. Procedete allo stesso modo con le vongole.

4. In una pentola capiente fate imbiondire l'aglio e la cipolla tritati finemente con l'olio, aggiungete un pizzico di peperoncino e tutta la polpa di pomodoro.

5. Unite i gamberi, il calamaro ad anelli e i pesci tagliati a pezzi, tenendo conto dei tempi di cottura e bagnando prima con il vino bianco e poi con il brodetto di pesce filtrato.

6. Unite alla zuppa le vongole e le cozze, mescolate e fate insaporire per qualche minuto.

7. Spolverate con prezzemolo tritato e servite con crostini o con fette di pane integrale.

Nota: *in una zuppa vi dovrebbero essere almeno tre tipi di pesce: uno da brodo, come lo scorfano, uno da sugo, come la triglia, uno da trancio, come il palombo o la cernia.*

inverno

Sarde al forno con finocchi

Preparazione: **15'**	Cottura: **25'**
Difficoltà: **media**	Costo: **basso**
	senza uova e glutine

Ingredienti per 4 persone:

1 kg di sarde già pulite,
150 g di pomodori pelati,
1 cipolla,
600 g di finocchi,
2 cucchiai di olio extravergine d'oliva,
180 g di mozzarella,
pepe q.b.

1. Lavate le sarde sotto il getto d'acqua del rubinetto, sfregandole per eliminare le squame, asciugatele con carta da cucina, stendetele aperte su un piatto, salatele e, a piacere, cospargetele di pepe, poi richiudetele.

2. Pulite, lavate la cipolla e tritatela; pulite i finocchi, togliete le parti dure e tagliateli a spicchi.

3. Sgocciolate i pomodori pelati e tagliate a pezzettini la mozzarella.

4. Mettete 1 cucchiaio di olio sul fondo di una pirofila da forno, adagiatevi sopra uno strato di sardine e cospargete con cipolle e origano, quindi fate uno strato di finocchi e aggiungete i pomodori pelati e la mozzarella spargendoli qua e là.

5. Continuate alternando gli strati e terminate con le sardine, unite l'olio rimasto e l'origano; fate cuocere in forno caldo per 25 minuti.

tutte le stagioni

Pesce spada alla marinara

Preparazione: **5'**	Cottura: **15'**
Difficoltà: **bassa**	Costo: **basso**
	senza uova, latticini e glutine

Ingredienti per 4 persone:

4 fette di pesce spada,
1 cucchiaio di olio extravergine d'oliva,
100 g di capperi,
2 spicchi di aglio,
prezzemolo, origano e rosmarino q.b.

1. Preparate un trito di rosmarino e origano e spalmatelo sul pesce che farete cuocere alla griglia.

2. Preparate un altro trito con l'aglio, i capperi, l'olio e un pizzico di sale.

3. Cospargete con il trito il pesce cotto precedentemente e servite guarnendo con ciuffi di prezzemolo.

tutte le stagioni

Insalata di baccalà

Preparazione: **10'**	Cottura: **30'**
Difficoltà: **bassa**	Costo: **medio**
	senza uova e glutine

Ingredienti per 4 persone:

500 g di baccalà già ammollato,
2 pezzi di peperone sott'olio,
1 cucchiaio di capperi,
2 cucchiai di aceto,
2 cucchiai di olio extravergine d'oliva,
125 g di yogurt,
pepe q.b.

1. Lessate il baccalà per una decina di minuti in acqua non salata, scolatelo e lasciatelo intiepidire, poi scartate la pelle e le lische e fate a pezzettini la carne, mettendola in un'insalatiera.

2. Tagliate a striscioline il peperone e unitelo al baccalà, aggiungete anche i capperi.

3. Mescolate insieme l'aceto, l'olio e lo yogurt fino a ottenere un'emulsione, versate il condimento sugli altri ingredienti e mescolate facendo attenzione a non sbriciolare troppo il pesce. Salate e, se volete, pepate.

tutte le stagioni

Orata al sale

Preparazione: **10'**	Cottura: **30'**
Difficoltà: **bassa**	Costo: **medio**
	senza latticini e glutine

Ingredienti per 4 persone:

1 orata da 1/2 kg circa,
30 g di albumi d'uovo,
1 limone,
3 kg di sale grosso,
1 cucchiaio di olio extravergine d'oliva,
prezzemolo q.b.

1. Preriscaldate il forno a 250 °C e, nel frattempo, pulite il pesce.

2. Sbattete gli albumi con il sale, mettete metà del composto ottenuto sul fondo di una teglia, posatevi sopra l'orata e ricoprite col composto di albumi e sale rimasto.

3. Mettete nel forno caldo e fate cuocere per mezz'ora.

4. Togliete dal forno, estraete il pesce dalla crosta di sale, spaccandola, togliete la pelle dell'orata e tagliatela a filetti.

5. Disponete i filetti sui piatti, irrorateli con un filo di olio e decorateli con fettine di limone e ciuffi di prezzemolo.

estate

Polpo e zucchine

Preparazione: **10'**	Cottura: **20'**
Difficoltà: **bassa**	Costo: **medio**
	senza uova, latticini e glutine

Ingredienti per 4 persone:

400 g di polpo,
1 cucchiaio di olio extravergine d'oliva,
400 g di zucchine,
1 mela (200 g circa),
prezzemolo, aglio e pepe q.b.

1. Lessate il polpo, tagliatelo a pezzetti e mettetelo in un'insalatiera; unitevi un battuto di prezzemolo, aglio, olio, sale e pepe (a piacere).

2. Pulite le zucchine, raschiate la buccia e tagliatele a fette.

3. Grigliatele e mettetele nell'insalatiera con il polpo e la mela sbucciata e tagliata a cubetti, mescolate bene il tutto e servite freddo.

primavera

Gamberi agli asparagi

Preparazione: **10'**	Cottura: **25'**
Difficoltà: **bassa**	Costo: **medio**
	senza uova e glutine

Ingredienti per 4 persone:

12 gamberi,
1 kg di asparagi,
200 ml di yogurt,
peperoncino e prezzemolo tritato q.b.

1. Lessate i gamberi in poca acqua e cuocete gli asparagi a vapore.

2. Frullate gli asparagi con lo yogurt e con un mestolo di acqua di cottura dei gamberi.

3. Versate la salsa in un tegame, aggiungetevi la rimanente acqua di cottura dei gamberi, lasciatela cuocere per circa 5 minuti, aggiungete sale e, a piacere, un pizzico di peperoncino.

4. Disponete la crema di asparagi in quattro piatti, mettete al centro i gamberi e spolverate con prezzemolo tritato.

tutte le stagioni

Seppioline in umido

Preparazione: **5'**	Cottura: **50'**
Difficoltà: **bassa**	Costo: **medio**
	senza uova, latticini e glutine

Ingredienti per 4 persone:

1 kg di seppioline già pulite fresche (o surgelate),
500 g di polpa di pomodoro,
2 gambi di sedano,
1 cipolla,
1 bicchiere di vino bianco,
1 cucchiaio di olio extravergine d'oliva,
prezzemolo q.b.

1. Lavate il sedano e la cipolla e tritateli finemente, fateli poi appassire in una casseruola con 1 cucchiaio di olio.

2. Aggiungete le seppie, fatele rosolare bene, unite il vino, alzate la fiamma e lasciate evaporare.

3. Aggiungete la polpa di pomodoro, salate e, a piacere, pepate e fate cuocere per circa 20 minuti.

4. Servite le seppie cosparse con prezzemolo tritato.

estate

Gamberi con verdure

Preparazione: **10'**	Cottura: **20'**
Difficoltà: **bassa**	Costo: **medio**
	senza uova e latticini

Ingredienti per 4 persone:

20 gamberi già puliti,
4 melanzane tonde,
300 g di piccoli pomodori,
1 mazzetto di basilico, 50 g di carote,
50 g di zucchine, 50 g di fagiolini,
1 spicchio di aglio,
2 cucchiai di olio extravergine d'oliva,
1 cucchiaio di aceto balsamico,
foglioline di basilico e pepe q.b.

1. Pulite, lavate e tagliate a pezzi molto piccoli le carote, le zucchine e i fagiolini.

2. In una padella scaldate 1 cucchiaio di olio con l'aglio, unite le verdure e fate cuocere per circa 5 minuti. Bagnate con l'aceto balsamico, salate e terminate la cottura eliminando l'aglio.

3. Tagliate a fette sottili le melanzane, salatele e cuocetele in padella con un poco di olio. Tagliate a pezzetti i pomodori e fateli saltare in padella con olio e basilico. Lessate i gamberi in acqua.

4. Mettete in ogni piatto le melanzane disposte tutte intorno in modo che al centro rimanga un cerchio che riempirete con i gamberi (5 per persona), ricoprite le melanzane con i pomodori e con le altre verdure, alternandoli, e decorate con altre foglioline di basilico.

VERDURE

primavera

Asparagi "vestiti"

Preparazione: **10'**	Cottura: **30'**
Difficoltà: **bassa**	Costo: **basso**

senza uova e latticini

Ingredienti per 4 persone:

200 g circa di fette di prosciutto crudo S. Daniele,
1 kg di asparagi bianchi,
200 g di carote, 200 g di sedano,
200 g di porri,
1 cucchiaio di olio extravergine d'oliva,
1 cucchiaino di aceto bansamico,
scalogni (o cipolle) tritati finemente ed erba cipollina q.b.

1. Lavate bene gli asparagi, sbucciateli ed eliminate le estremità legnose.

2. Mettete gli asparagi con le punte verso l'alto in una pentola alta e stretta riempita per un quarto con acqua salata, portate a ebollizione e fateli cuocere, coperti, per 18-20 minuti (in base al loro spessore), oppure cuoceteli a vapore.

3. Pulite, sbucciate, tagliate a dadini la verdura e cuocetela in acqua o a vapore, quindi scolatela e conditela con olio e, a piacere, con aceto balsamico, aggiungete anche gli scalogni e l'erba cipollina.

4. Avvolgete gli asparagi cotti con le fette di prosciutto e disponeteli su un piatto da portata circondati dalle verdure.

tutte le stagioni

Tortino di salmone e radicchio

Preparazione: **10'**	Cottura: **30'**
Difficoltà: **bassa**	Costo: **basso**

Ingredienti per 4 persone:

1 uovo intero e 2 albumi,
1 cucchiaio di olio extravergine d'oliva,
1/2 tazza di latte tiepido,
150 g di farina integrale,
500 g di salmone,
200 g di radicchio,
1 bustina di lievito,
50 g di erba cipollina.

1. Preriscaldate il forno a 180 °C.

2. Lavate bene il radicchio, tagliatelo a pezzetti, tagliate a dadini il salmone, tritate l'erba cipollina.

3. Amalgamate le uova, la farina setacciata, l'olio, il sale, il lievito. Aggiungete anche il salmone tagliato a dadini, l'erba cipollina e il radicchio.

4. Versate il composto in un teglia da forno e fate cuocere il tortino in forno già caldo a 200 °C per circa mezz'ora.

primavera

Crêpes con ricotta e spinaci

Preparazione: **20'**	Cottura: **25'**
Difficoltà: **media**	Costo: **basso**

vegetariano

Ingredienti per 4 persone:

250 g di tofu,
250 g di farina integrale,
1/2 litro di latte,
1 uovo intero e 1 albume,
2 cucchiai di olio extravergine d'oliva,
500 g di spinaci, 2 cipolle,
1 spicchio di aglio,
50 g di besciamella di soia,
noce moscata, timo, origano (o altra erba aromatica) e sale marino q.b.

1. Mettete in una terrina la farina con un poco di sale, aggiungete le uova, il latte, 1 cucchiaio di olio e mescolate fino a ottenere una pastella liscia.

2. Lasciate riposare e, nel frattempo, cuocete gli spinaci e le cipolle affettate a fuoco basso per circa 15 minuti.

3. A cottura ultimata aggiungete la il tofu frullato, l'aglio tritato, la noce moscata, le erbe aromatiche, un pizzico di sale e mescolate bene il tutto.

4. Cuocete delle crêpes in una padella unta di olio utilizzando la pastella: quando pronte, riempitele con il composto.

5. Potete consumare subito le crêpes oppure passarle nella besciamella di soia e gratinarle in forno.

autunno inverno

Cavolini di Bruxelles alla frutta secca

Preparazione: **10'**	Cottura: **25'**
Difficoltà: **bassa**	Costo: **basso**

vegetariano,
senza uova e latticini

Ingredienti per 4 persone:

680 g di cavolini di Bruxelles,
20 g di gherigli di noci,
1 spicchio d'aglio,
1 cucchiaino di olio extravergine d'oliva,
40 g di pangrattato.

1. Tritate nel mixer i gherigli di noce e l'aglio.

2. Lavate i cavolini di Bruxelles e fateli cuocere in acqua bollente per circa un quarto d'ora.

3. Fate saltare i cavolini in padella con l'olio, unite il trito di noci e aglio e il pangrattato per circa 5 minuti.

4. Mescolate bene e fate riscaldare fino a che il pangrattato sarà dorato.

estate

Polpettine di ricotta al peperone

Preparazione: **20'**	Cottura: **–**
Difficoltà: **bassa**	Costo: **medio**

vegetariano, senza uova

Ingredienti per 4 persone:

300 g di ricotta,
100 g di pecorino grattugiato,
3 pomodori maturi,
3 cetrioli,
1 cespo di lattuga,
1 mazzetto di rucola,
1 peperone rosso,
1 cucchiaio di olio extravergine d'oliva,
aceto balsamico q.b.

1. Pulite il peperone e tritatelo finemente. Pulite anche 2 pomodori e 2 cetrioli e tagliateli a fettine.

2. Lavate rucola e lattuga, asciugatele, mischiatele insieme e condite il tutto con sale, olio e aceto balsamico. Mettete le verdure in un piatto da portata.

3. Amalgamate il pecorino con la ricotta, formate con il composto delle piccole polpettine; passatele nel peperone crudo tritato e sistematele sopra le verdure sul piatto da portata.

4. Ornate con fettine del pomodoro e del cetriolo rimasti, aggiungete un filo di olio e servite.

primavera

Carciofi ai pistacchi

Preparazione: **10'**	Cottura: **30'**
Difficoltà: **bassa**	Costo: **medio**

vegetariano, senza uova, latticini e glutine

Ingredienti per 4 persone:

1 porro,
1 cipolla,
4 carciofi,
50 g di pistacchi tritati,
50 g di ribes,
1 spicchio di aglio,
1 cucchiaio di olio extravergine d'oliva,
brodo vegetale q.b.

1. Pulite i carciofi tenendo solo i fondi.

2. Mettete in una casseruola con l'olio l'aglio e lasciatelo imbiondire, poi toglietelo e aggiungete la cipolla tritata e il porro tagliato a rondelle facendoli appassire, senza rosolarli.

3. Aggiungete i fondi di carciofi, salate, copriteli con il brodo e fate bollire per circa 30 minuti.

4. A cottura ultimata, poneteli su un piatto da portata, guarnendoli con i pistacchi e il ribes.

estate

Fagiolini allo speck

Preparazione: **10'**	Cottura: **25'**
Difficoltà: **bassa**	Costo: **basso**

senza uova, latticini e glutine

Ingredienti per 4 persone:

600 g di fagiolini,
2 pomodori,
1 spicchio di aglio,
100 g di speck magro,
2 cucchiai di olio extravergine d'oliva,
foglie di basilico q.b.

1. Fate bollire 2 litri di acqua salata. Nel frattempo, togliete le punte ai fagiolini, eliminando quelli appassiti, lavateli, scolateli e tagliateli a metà.

2. Quando l'acqua bolle, versateli nella pentola, riportate a bollore e fateli cuocere per circa 10 minuti. Appena cotti, scolateli.

3. Sbucciate l'aglio e schiacciatelo, lavate i pomodori e asciugateli, tagliateli a metà, eliminate i semi, poi tagliateli a pezzetti.

4. Fate scaldare l'olio con l'aglio per circa 1 minuto, unite lo speck tagliato a dadini e fate rosolare per altri 2 minuti, poi eliminate l'aglio.

5. Unite al tutto i fagiolini e i pomodori, mescolate con cura, fate insaporire per 5 minuti e, se necessario, aggiungete sale.

6. Servite in un piatto da portata, guarnendo con foglie di basilico.

estate

Fagiolini alla salsa di soia

Preparazione: **5'**	Cottura: **20'**
Difficoltà: **bassa**	Costo: **basso**

vegetariano, senza uova e latticini

Ingredienti per 4 persone:

600 g di fagiolini freschi (o surgelati),
1/2 cipolla rossa,
1/2 tazza di salsa di soia,
1 cucchiaio di olio extravergine d'oliva,
aglio q.b.

1. Scaldate l'olio in una grande casseruola.

2. Unite la cipolla, precedentemente tritata, e fatela imbiondire, poi aggiungete l'aglio schiacciato che toglierete appena l'olio sarà insaporito.

3. Aggiungete i fagiolini che avrete già puliti e lavati e, non appena saranno morbidi, aggiungete la salsa di soia.

4. Lasciate cuocere i fagiolini per 15 minuti circa (se necessario, aggiungete un po' di acqua bollente), aggiustate di sale e serviteli caldi.

estate

Insalata ai cetrioli

Preparazione: **1h+30'**	Cottura: **–**
Difficoltà: **bassa**	Costo: **basso**

vegetariano,
senza uova, latticini e glutine

Ingredienti per 4 persone:

2 grossi cetrioli,
4 cipolle novelle,
1/2 bicchiere di aceto di mele,
3 cucchiai di olio extravergine d'oliva,
2 pomodori maturi.

1. Lavate i cetrioli, tagliate le estremità e poi ricavatene delle fettine sottili, senza sbucciarli.

2. Pulite e lavate le cipolle e tagliatele sottili come i cetrioli, senza scartare la parte verde. Mettete cetrioli e cipolle in una terrina e versatevi sopra 1/2 bicchiere di aceto, coprite e lasciate macerare un'oretta, mescolando di tanto in tanto.

3. Scolate infine le verdure, salatele e conditele con poco olio, mescolando e lasciando riposare ancora mezz'ora.

4. Unite i pomodori lavati e tagliati a spicchi.

5. Condite con l'olio rimasto, salate e mescolate bene prima di servire.

primavera

Carciofi ripieni

Preparazione: **15'**	Cottura: **25'**
Difficoltà: **bassa**	Costo: **basso**

vegetariano,
senza uova e latticini

Ingredienti per 4 persone:

500 g di carciofi,
300 g di pomodori,
200 g di olive nere snocciolate,
300 g di sedano,
2 cucchiai di olio extravergine d'oliva,
2 limoni,
pane grattugiato q.b.

1. Lavate i pomodori e il sedano e tagliateli a cubetti. Pulite i carciofi, eliminate i gambi e le foglie esterne, strofinateli con il limone e cuoceteli in acqua acidificata con il succo di 1 limone.

2. Mettete in un tegame l'olio, quindi aggiungete i pomodori e il sedano a cubetti e, quando le verdure saranno cotte, unite le olive spezzettate: mescolate bene.

3. Riempite i carciofi con le verdure, metteteli in una pirofila, cospargeteli di pane grattugiato e fateli gratinare in forno per qualche minuto.

inverno

Porri gratinati

Preparazione: **10'**	Cottura: **30'**
Difficoltà: **bassa**	Costo: **basso**
	vegetariano, senza uova

Ingredienti per 4 persone:

500 g di porri,
100 g di formaggio grattugiato (parmigiano o pecorino),
4 cucchiai di besciamella di soia,
1 cucchiaio di olio extravergine d'oliva.

1. Lavate i porri, eliminate le radici e le parti verdi e fateli cuocere in acqua salata.

2. Disponete i porri in una teglia da forno unta di olio, ricopriteli con la besciamella di soia e con il formaggio e fateli gratinare in forno caldo per una decina di minuti, fino a che si sarà formata una crosticina dorata.

estate

Verdure miste allo yogurt

Preparazione: **10'**	Cottura: **15'**
Difficoltà: **bassa**	Costo: **basso**
	vegetariano, senza uova e glutine

Ingredienti per 4 persone:

2 cetrioli,
200 g di fagiolini,
1 cipolla,
2 spicchi di aglio,
250 g di yogurt,
2 litri di acqua,
prezzemolo q.b.

1. In una pentola fate bollire 2 litri di acqua salata a cui avrete aggiunto la cipolla a spicchi e l'aglio a fettine.

2. In un'altra pentola fate cuocere i fagiolini a vapore.

3. Affettate i cetrioli, immergeteli nell'acqua bollente e scolateli dopo circa 1 minuto.

4. Asciugate tutte le verdure, conditele con lo yogurt e cospargete con 1 cucchiaio di prezzemolo tritato.

inverno

Insalata con agrumi

Preparazione: **15'**	Cottura: **–**
Difficoltà: **bassa**	Costo: **basso**

vegetariano,
senza uova, latticini e glutine

Ingredienti per 4 persone:

400 g di lattuga,
200 g di cicoria (o radicchio),
200 g di rucola,
3 pompelmi,
3 arance,
2 cucchiai di olio extravergine d'oliva,
succo d'arancia, succo di limone
e foglioline di menta q.b.

1. Lavate e asciugate le diverse insalate, tagliatele fini e mettetele in un'insalatiera.

2. Sbucciate i pompelmi e 2 arance. Pelatene gli spicchi e uniteli alle insalate, tenendo qualche spicchio d'arancia per la guarnizione finale.

3. A parte, preparate il condimento unendo l'olio al succo dell'arancia rimasta con un pizzico di sale.

4. Condite l'insalata e guarnite con spicchi d'arancia e foglioline di menta.

inverno

Broccoli in umido

Preparazione: **5'**	Cottura: **25'**
Difficoltà: **bassa**	Costo: **basso**

vegetariano,
senza uova, latticini e glutine

Ingredienti per 4 persone:

520 g di broccoli,
100 g di pomodori pelati,
1 cipolla,
40 g di pinoli,
40 g di uvetta,
1 cucchiaio di olio extravergine d'oliva,
prezzemolo q.b.

1. Pulite e lavate bene i broccoli poi tagliateli a cimette.

2. Fate appassire la cipolla in un tegame con l'olio, aggiungete l'uvetta ammollata e strizzata, i pinoli e i pomodori tagliati a pezzi e fate cuocere per 10 minuti.

3. Unite i broccoli, alzate la fiamma per farli rosolare bene, poi salateli e continuate la cottura a fuoco lento.

4. A metà cottura aggiungete il prezzemolo tritato e, se necessario, un poco d'acqua.

primavera

Carciofi al forno

Preparazione: **15'**	Cottura: **25'**
Difficoltà: **bassa**	Costo: **basso**

vegetariano,
senza uova e glutine

Ingredienti per 4 persone:

4 carciofi,
100 g di prezzemolo,
100 g di basilico,
100 g di parmigiano grattugiato,
1 cucchiaio di olio extravergine d'oliva,
aglio q.b.

1. Tritate insieme il prezzemolo e il basilico e unitevi 1/2 spicchio di aglio schiacciato.

2. Per il ripieno: mettete il trito in una terrina, aggiungetevi il parmigiano e il sale e mescolate.

3. Lavate e pulite i carciofi, facendo attenzione a togliere le spine, allargate bene la parte interna e riempitela con il ripieno preparato.

4. Disponete i carciofi in una teglia, versatevi sopra l'olio e fateli cuocere nel forno già caldo a 200 °C per 25 minuti circa.

estate

Zucchine dorate

Preparazione: **10'**	Cottura: **25'**
Difficoltà: **bassa**	Costo: **basso**

vegetariano,
senza glutine

Ingredienti per 4 persone:

4 uova,
2 albumi,
1 kg circa di zucchine,
1/2 bicchiere di latte,
parmigiano grattugiato, foglie di menta e basilico q.b.

1. Pulite, lavate le zucchine e cuocetele a vapore per circa 10 minuti.

2. Sgocciolatele, spuntatele, tagliatele ad asticciole e mettetele in una teglia.

3. Battete le uova e gli albumi con 1/2 bicchiere di latte, unite la menta e il basilico, il parmigiano, mescolare bene e versate il tutto sulle zucchine.

4. Mettere la teglia in forno caldo per 5 minuti.

FRUTTA SECCA A GUSCIO

Con il termine frutta secca si intende sia la frutta con guscio (noci, mandorle pistacchi, nocciole, pinoli, arachidi), sia la frutta polposa (fichi, uva, pesche...) che viene essiccata e disidratata in diverse maniere. In entrambi i casi si tratta di prodotti "secchi" che si conservano a lungo. La Zona naturale predilige la frutta a guscio e ne consiglia ogni giorno una piccola quantità, circa 30 g, corrispondenti a due cucchiai da minestra di semi sgusciati, preferibilmente non tostati (la tostatura altera e impoverisce dei principi attivi). La frutta disidratata invece ha un indice glicemico sfavorevole perché troppo zuccherina. È opportuno scegliere frutti (soprattutto noci) non sbiancati, cioè non trattati con anidride solforosa o con ipoclorito di sodio, ed evitare i semi oleosi tostati e salati che vengono serviti nei bar come aperitivi, perché troppo salati. Particolarmente ricche di nutrienti sono le noci "pecan" che contengono tra il 65 e il 70% di lipidi, formati da acidi grassi monoinsaturi e polinsaturi con azione antiossidante. Diversi studi hanno confermato le proprietà benefiche della frutta a guscio: ad esempio, una recente ricerca effettuata presso l'Università del New Mexico ha evidenziato che un consumo moderato di noci pecan in quattro settimane riduce il colesterolo "cattivo" LDL del 10%, con effetti positivi per la protezione del cuore.

inverno

Pollo agli agrumi e alle mandorle

Preparazione: **10'**	Cottura: **20'**
Difficoltà: **bassa**	Costo: **basso**

senza uova e latticini

Ingredienti per 4 persone:

2 limoni,
2 arance,
2 scalogni,
4 fettine di petto di pollo,
40 g di mandorle sgusciate,
1 cucchiaio di olio extravergine d'oliva,
1/2 bicchiere di vino bianco secco,
farina q.b.

1. Lavate gli agrumi e spremeteli.

2. Tagliate le fette di pollo a pezzetti quadrati e infarinateli. Tritate gli scalogni e rosolateli in una padella con l'olio, unite i pezzi di pollo e proseguite la rosolatura per qualche minuto.

3. Salate, bagnate con il vino e aggiungete il succo di limone e d'arancia.

4. Unite le mandorle e fate addensare il sugo a fiamma viva; se necessario aggiungete un pizzico di farina per renderlo più consistente.

autunno

Mele ripiene al forno

Preparazione: **10'**	Cottura: **20'**
Difficoltà: **bassa**	Costo: **basso**
	vegetariano, senza latticini

Ingredienti per 4 persone:

4 mele renette,
200 g di mandorle sgusciate,
120 g di uvetta sultanina ammorbidita con acqua tiepida,
60 g di fruttosio,
80 g di amaretti sbriciolati,
1/2 bicchiere di vino bianco,
1/4 di litro di vino rosso,
scorze d'arancia e di limone biologici q.b.

1. Lavate le mele, tagliatele a tre quarti d'altezza (conservando la parte superiore) e svuotatele della polpa.

2. Mettete in un tegame il vino rosso con le scorze d'arancia e limone e fate scaldare sino a ottenere una salsa liquorosa, quindi togliete le scorze.

3. In un altro tegamino cuocete la polpa delle mele con il fruttosio e il vino bianco, poi unite anche gli amaretti, abbassate la fiamma e mescolate bene.

4. Togliete dal fuoco; aggiungete le mandorle e l'uvetta.

5. Riempite le mele con il composto ottenuto, richiudetele con la parte alta e fatele cuocere in forno a 180 °C per circa 15 minuti. Servitele calde con la salsa di vino rosso.

autunno

Pere con ricotta e mandorle

Preparazione: **10'**	Cottura: **–**
Difficoltà: **bassa**	Costo: **basso**
	vegetariano, senza uova e glutine

Ingredienti per 4 persone:

1 kg di pere,
10 g di mandorle sgusciate,
200 g di ricotta,
2 cucchiaini di fruttosio,
1 limone.

1. Preriscaldate la piastra del forno.

2. Tritate le mandorle (tenendone da parte qualcuna intera per guarnire) in un mixer per circa 30 secondi, quindi tostatele sulla piastra del forno fino a quando saranno leggermente scure. Fatele raffreddare.

3. Lavate e sbucciate le pere e mettetele in un piatto da portata, spruzzatele con il succo del limone e lasciatele riposare.

4. In una ciotola mescolate la ricotta con il fruttosio e con le mandorle sino a ottenere un composto denso.

5. Ricoprite le pere con il composto e guarnite con le mandorle intere.

tutte le stagioni

Cosce di pollo con le noci

Preparazione: **15'**	Cottura: **20'**
Difficoltà: **bassa**	Costo: **basso**

senza uova, latticini e glutine

Ingredienti per 4 persone:

4 cosce di pollo senza pelle,
1 carota,
1 cipolla di Tropea,
1 scalogno,
1 rametto di timo,
100 g di noci pecan sgusciate,
1 spicchio di aglio tritato,
foglie di alloro e peperoncino q.b.

1. Mettete le cosce del pollo in un tegame e copritele con acqua fredda.

2. Tritate la carota e la cipolla e unitele alle cosce insieme al timo e qualche foglia d'alloro.

3. Fate bollire, poi abbassate la fiamma e cuocete il tutto per circa 20 minuti a tegame coperto. Togliete dal fuoco e separate le cosce dal brodo.

4. Filtrate il brodo, mettetelo in una ciotola e tenetelo da parte.

5. Frullate le noci insieme allo scalogno, all'aglio, al peperoncino, al sale e a 1/2 tazza di brodo fino a ottenere una salsa liscia.

6. Disponete le cosce su di un piatto da portata e ricopritele con la salsa.

tutte le stagioni

Zuppa di pesce alle mandorle

Preparazione: **20'**	Cottura: **50'**
Difficoltà: **bassa**	Costo: **basso**

senza uova e latticini

Ingredienti per 4 persone:

200 g di orzo perlato, 1 limone,
500 g di pesce da zuppa (scorfano, cernia, grongo, ricciola),
4 cipolle, 1 spicchio di aglio,
500 g di concentrato di pomodoro,
100 g di mandorle sgusciate,
1 cucchiaio di olio extravergine d'oliva,
peperoncino, prezzemolo, alloro e cannella q.b.

1. Cuocete l'orzo con l'alloro, il succo di limone, 1 cipolla, un poco di prezzemolo e un po' di cannella.

2. Mentre l'orzo cuoce, tritate le altre cipolle e soffriggetele con l'olio d'oliva in un tegame piuttosto grande. Aggiungete il concentrato di pomodoro e riempite il tegame d'acqua. Portate a ebollizione e fate bollire per circa 45 minuti.

3. Nel frattempo preparate un trito con aglio, mandorle, prezzemolo, un pizzico di sale e aggiungetelo al brodo.

4. Unite i pesci, lavati e squamati, e salate. Quando il pesce è cotto e sale in superficie, toglietelo dal brodo.

5. Mettete in ogni piatto un po' di brodo, un po' di orzo e di pesce e servite caldo aggiungendo un pizzico di peperoncino per chi lo gradisce.

tutte le stagioni

Petto di tacchino alle mandorle

Preparazione: **10'+2h**	Cottura: **20'**
Difficoltà: **bassa**	Costo: **basso**

senza uova e latticini

Ingredienti per 4 persone:

400 g di petto dl tacchino,
400 g di cipolle,
150 g di mandorle sgusciate,
1 limone,
1 cucchiaio di olio extravergine d'oliva,
erbe aromatiche, prezzemolo
e curry q.b.

1. Tagliate a strisce il petto di tacchino, poi fatelo marinare per 2 ore con il limone spremuto, un pizzico di curry, sale ed erbe aromatiche.

2. Pulite le cipolle e tagliatele sottilissime, mettetele in una padella larga con l'olio e fatele cuocere a fuoco basso fino a che diventano trasparenti.

3. Aggiungete il tacchino marinato e cuocetelo per circa 15 minuti.

4. Mentre il tacchino cuoce, tritate le mandorle (tenetene da parte qualcuna per guarnire).

5. Quando il tacchino è pronto, disponetelo su un piatto da portata, versateci sopra le cipolle e cospargetelo con le mandorle tritate. Guarnite con mandorle intere e ciuffi di prezzemolo.

tutte le stagioni

Bocconcini di pollo con anacardi

Preparazione: **10'**	Cottura: **20'**
Difficoltà: **bassa**	Costo: **basso**

senza uova e latticini

Ingredienti per 4 persone:

2 petti di pollo tagliati a dadini,
1 tazza di brodo di pollo,
100 g di piselli freschi già sgranati,
2 cucchiai di olio extravergine d'oliva,
2 cucchiai di salsa di soia,
2 gambi di sedano, 1 cipolla,
125 g di funghi coltivati o freschi,
1/2 tazza di anacardi tostati e pelati,
maizena q.b.

1. Lavate e pulite i funghi, il sedano e la cipolla. Tagliate i funghi e la cipolla a dadini, il sedano a pezzetti.

2. Scaldate l'olio in un tegame di terracotta e, mescolando continuamente, fatevi dorare i dadini di pollo; aggiungete salsa di soia, sedano, piselli, funghi, cipolla e un pizzico di sale; mescolate, cuocete per alcuni minuti, quindi unite il brodo caldo e mescolate ancora. Coprite il recipiente e continuate la cottura a fuoco moderato per circa 5 minuti.

3. Aggiungete al fondo di cottura la maizena sciolta in 2 cucchiai di acqua; continuate a mescolare con cura fin quando la salsa e il pollo saranno cotti.

4. Mettete i dadini di pollo ricoperti con la salsa in un piatto da portata, aggiungete gli anacardi tostati e pelati e servite caldo.

tutte le stagioni

Budino di orzo con frutta secca

Preparazione: **15'**	Cottura: **20'**
Difficoltà: **bassa**	Costo: **basso**

vegetariano, senza uova e latticini

Ingredienti per 4 persone:

1 tazza di caffè d'orzo forte,
3 tazze di succo di mela,
3 tazze di acqua,
3 cucchiai di fiocchi d'agar-agar,
150 g di mandorle e nocciole sgusciate in parti uguali,
50 g di uvetta passa,
cannella q.b.

1. Fate bollire qualche minuto l'agar-agar nell'acqua insieme al succo di mela, alla cannella e aggiungete un pizzico di sale.

2. Unite poi il caffè d'orzo e fate cuocere ancora 10 minuti; versate il tutto in uno stampo per budino e lasciate raffreddare.

3. Abbrustolite le mandorle e le nocciole in una padella, mescolando bene per evitare di bruciacchiarle, poi tritatele finemente.

4. Aggiungete la frutta secca al budino, che si sarà in parte rappreso, mescolate e mettete il tutto in frigorifero per circa 1 ora e poi servite.

tutte le stagioni

Palline di ricotta e frutta secca

Preparazione: **15'**	Cottura: **–**
Difficoltà: **bassa**	Costo: **basso**

vegetariano, senza uova

Ingredienti per 4 persone:

250 g di frutta secca già sgusciata (mandorle, nocciole, arachidi, pistacchi, noci),
100 g di ricotta,
10 g di fruttosio,
100 g di cioccolato fondente,
50 g di cacao in polvere.

1. Tritate tutta la frutta secca.

2. Fate fondere il cioccolato, unitevi il fruttosio e la frutta secca tritata; amalgamate bene.

3. Fate raffreddare, aggiungete la ricotta in modo da ottenere un impasto abbastanza consistente; formate delle palline rotonde che passerete nel cacao in polvere.

autunno inverno

Macedonia con noci pecan

Preparazione: **15'**	Cottura: **–**
Difficoltà: **bassa**	Costo: **basso**

vegetariano, senza uova, latticini e glutine

Ingredienti per 4 persone:
2 mele,
4 kiwi,
3 banane non troppo mature,
2 arance,
1 limone,
100 g di noci pecan già sgusciate,
2 cucchiaini di fruttosio.

1. Sbucciate le banane e tagliatele a rondelle, sbucciate le arance togliendo a ciascun spicchio semi e pellicina, pelate e affettate le mele e 3 kiwi.

2. Disponete tutta la frutta in un recipiente per macedonia. Unite il succo del limone, i gherigli delle noci spezzettati e il fruttosio.

3. Mescolate delicatamente e fate riposare in frigorifero per 1 ora. Prima di servire, guarnite con le fettine del kiwi rimasto.

autunno

Insalata alle noci pecan

Preparazione: **10'**	Cottura: **–**
Difficoltà: **bassa**	Costo: **basso**

vegetariano, senza uova

Ingredienti per 4 persone:
1 cespo di indivia,
100 g di radicchio,
2 mele,
120 g di gherigli di noci pecan,
120 g di ricotta,
1 cucchiaio di olio extravergine d'oliva,
aceto balsamico q.b.

1. Sbucciate le mele e tagliatele a fettine. Disponete l'indivia, il radicchio, le noci, le fette di mela e la ricotta a pezzettini in un'insalatiera.

2. Preparate il condimento miscelando olio, aceto, sale; versatelo nell'insalata, mescolate bene il tutto e servite subito.

Variante: *in mancanza di noci pecan si possono utilizzare noci o un misto di noci, mandorle o nocciole.*

BIBLIOGRAFIA

A. Carosella, F. Bottaccioli, *Meditazione, psiche e cervello*, Tecniche Nuove, 2003.
A. Colli, *Il cibo per lo sport*, Tecniche Nuove, 2011.
A. Colli, *Le Calorie*, Tecniche Nuove, 2006.
B. Sears, *La Zona. La nuova alimentazione*, Sperling Kupfer, 2004.

SITI

Dieta a zona e calcolo massa magra

http://www.drsears.com/
http://www.lazona.it/
http://www.benessere.com/dietetica/arg00/zona.htm
http://www.massamagra.com/calcolo-fabbisogno-proteico.htm
http://diet.zone.massamagra.com/ZoneCalculator.htm

http://www.albanesi.it/Alimentazione/diete4.htm
http://www.optizone.it/fz/maildesigner.asp
http://www.my-personaltrainer.it/BMI_FM.htm

Indice glicemico

http://www.diabetologia.it/
http://www.sportmedicina.com/stile_vita_benessere.htm
http://www.agd.it/alimenti/tabelle.htm

Utili consigli ci vengono anche dalle raccomandazioni per la prevenzione del diabete a cura dell'American Diabetes Association (ADA, http://www.diabetes.org).

Diete equilibrate, piramidi

http://www.dietameridionale.it/lapiramide.htm
http://www.ciemme-pts.it/articoli/piramide/piramide.htm
ttp://www.inran.it/358/31/news/ecco-la-nuova-piramide-alimentare-della-dieta-mediterranea.html
http://www.ciiscam.org/index.php?pag=207

Linee Guida

USA: http://www.healthierus.gov/dietaryguidelines/
Italia (Inran): http://www.inran.it
Larn (livelli di assunzione raccomandata di nutrienti): http://www.sinu.it/

Omega-3

http://www.eufic.org/article/it/nutrizione/grassi/artid/acidi-grassi-omega-3/

Indice delle ricette

NELLA STESSA **COLLANA**

Ricette per la dieta iperproteica
Laura Fabris
• Brossura • 14,3x21 cm • 128 pag.
• ISBN: 978-88-481-2737-0 • 8,90 €

Piccoli chef in cucina
a cura di Paola Reverso, disegni di Maria Chiara Di Palo
• Brossura • 14,3x21 cm • 144 pag. a colori
• ISBN: 978-88-481-2706-6 • 8,90 €

Mangiare vegetariano
Carla Barzanò
• Brossura • 14,3x21 cm • 144 pag.
• ISBN: 978-88-481-2705-9 • 8,90 €

Come dimagrire
Barbara Asprea, Daniela Garavini
• Brossura • 14,3x21 cm • 128 pag.
• ISBN: 978-88-481-2683-0 • 8,90 €

La cucina a basso indice glicemico
Barbara Asprea, Giuseppe Capano
• Brossura • 14,3x21 cm • 128 pag.
• ISBN: 978-88-481-2643-4 • 8,90 €

Il cibo per lo sport - 2ª edizione
Angela Colli
• Brossura • 14,3x21 cm • 128 pag.
• ISBN: 978-88-481-2644-1 • 8,90 €

Depurare il corpo e la mente - 2ª edizione
Giulia Fulghesu
• Brossura • 14,3x21 cm • 128 pag.
• ISBN: 978-88-481-2622-9 • 8,90 €

Casa naturale dalla A alla Z
Daniela Garavini
• Brossura • 14,3x21 cm • 128 pag.
• ISBN: 978-88-481-2621-2 • 8,90 €

Mente inquieta - 2ª edizione
Francesco Bottaccioli, Antonia Carosella
• Brossura • 14,3x21 cm • 144 pag.
• ISBN: 978-88-481-2593-2 • 8,90 €

La Dieta del Metodo Kousmine - 2ª edizione
Sergio Chiesa
• Brossura • 14,3x21 cm • 128 pag.
• ISBN: 978-88-481-2589-5 • 8,90 €

Recuperare la tolleranza alimentare
Attilio Francesco Speciani
• Brossura • 14,3x21 cm • 128 pag.
• ISBN: 978-88-481-2591-8 • 8,90 €

Cucina mediterranea senza glutine 2ª edizione
Giuseppe Capano
• Brossura • 14,3x21 cm • 128 pag.
• ISBN: 978-88-481-2425-6 • 8,90 €

Tutto sul pane fatto in casa
Aldo Bongiovanni
• Brossura • 14,3x21 cm • 144 pag.
• ISBN: 978-88-481-2559-8 • 8,90 €

Omeopatia per tutti i giorni - 2ª edizione
Bruno Brigo
• Brossura • 14,3x21 cm • 160 pag.
• ISBN: 978-88-481-2524-6 • 8,90 €

La cucina a crudo - 2ª edizione
Giuseppe Capano
• Brossura • 14,3x21 cm • 128 pag.
• ISBN: 978-88-481-2498-0 • 8,90 €

Le ricette del Metodo Kousmine - 2ª edizione
Marina Grassani
• Brossura • 14,3x21 cm • 144 pag.
• ISBN: 978-88-481-2451-5 • 8,90 €

A tavola con il diabete - 2ª edizione
Barbara Asprea, Giuseppe Capano, Simona Salò
• Brossura • 14,3x21 cm • 128 pag.
• ISBN: 978-88-481-2450-8 • 8,90 €

Prodotti naturali dalla A alla Z
Aldo Bongiovanni
• Brossura • 14,3x21 cm • 144 pag.
• ISBN: 978-88-481-2406-5 • 8,90 €

Ipertensione: curarla a tavola
Bruno Brigo, Giuseppe Capano
• Brossura • 14,3x21 cm • 128 pag.
• ISBN: 978-88-481-2361-7 • 8,90 €

Il tuo cibo dalla A alla Z
Barbara Asprea
• Brossura• 14,3x21 cm • 128 pag.
• ISBN: 978-88-481-2212-2 • 8,90 €